Python
für
Anfänger

von

Trevor Shelwick

HIER IST IHR KOSTENLOSES GESCHENK!

Interaktives Lernen freischalten: Greifen Sie hier auf Ihre Videotutorials zu!

☞ SCANNEN SIE HIER, UM ES HERUNTERZULADEN

Steigern Sie Ihre Python-Kenntnisse mit exklusiven Videotutorials, die speziell entwickelt wurden, um die Übungen in diesem Buch zu ergänzen.

Zusammenfassung

Kapitel 1: Einleitung

1.1 Willkommen in der Welt von Python

Willkommen in der faszinierenden Welt von Python, einer der vielseitigsten und weltweit am weitesten verbreiteten Programmiersprachen. Python zeichnet sich durch seine einfache Syntax und Lesbarkeit aus, was es sowohl für Anfänger als auch für erfahrene Entwickler ideal macht. In diesem Kapitel werden wir die Gründe erkunden, warum Python eine hervorragende Wahl für verschiedene Programmierprojekte ist – von einfachen Skripten bis hin zu komplexen Maschinenlernanwendungen.

Python ist bekannt für seine breite Anwendungspalette, die sich über Webentwicklung, Datenanalyse, künstliche Intelligenz, wissenschaftliche Berechnungen und mehr erstreckt. Egal ob Sie Systemskripte automatisieren, Daten visualisieren oder komplexe Algorithmen entwickeln möchten, Python bietet Ihnen die Werkzeuge, die Sie benötigen, um effizient und effektiv zu arbeiten.

In den folgenden Abschnitten dieses Kapitels werden wir die vielfältigen Einsatzmöglichkeiten von Python im täglichen Leben und im Beruf sowie seine geschichtliche Entwicklung erkunden. Wir werden Ihnen auch einen Überblick über den Aufbau dieses Buches geben, damit Sie wissen, wie Sie am besten mit dem Lernen beginnen können. Abschließend erhalten Sie praktische Tipps, wie Sie beim Lernen am effektivsten vorgehen können.

Begleiten Sie uns auf dieser Reise in die Welt von Python, und entdecken Sie, wie diese mächtige Sprache Ihre Problemlösungsfähigkeiten verbessern und Ihre Karriere vorantreiben kann.

1.2 Warum Python lernen?

Python ist eine der am schnellsten wachsenden und beliebtesten Programmiersprachen weltweit, und es gibt zahlreiche Gründe, warum das Erlernen dieser Sprache eine lohnende Investition in Ihre Zukunft ist.

Einfachheit und Zugänglichkeit: Python ist für seine klare Syntax und seine Lesbarkeit bekannt, was es besonders einsteigerfreundlich macht. Im Vergleich zu vielen anderen Programmiersprachen können Sie mit Python schneller funktionierende Programme schreiben. Dies macht Python zu einer ausgezeichneten Wahl für Anfänger, die schnell Fortschritte erzielen wollen.

Vielseitigkeit: Python wird in vielen verschiedenen Bereichen eingesetzt. Es ist eine der führenden Sprachen in der Webentwicklung, Datenanalyse, Künstlicher Intelligenz, wissenschaftlichen Berechnungen und mehr. Die Vielseitigkeit von Python bedeutet, dass Sie die Fähigkeiten, die Sie lernen, in einer Vielzahl von Karrieren und Projekten einsetzen können.

Umfangreiche Bibliotheken und Frameworks: Python wird durch eine massive Standardbibliothek unterstützt, die als "Batterien inklusive"-Philosophie bekannt ist. Zusätzlich gibt es zahlreiche externe Bibliotheken für praktisch jeden Bedarf, von Web-Frameworks wie Django und Flask bis hin zu wissenschaftlichen und numerischen Bibliotheken wie NumPy und SciPy.

Starke Community und Unterstützung: Python genießt eine lebhafte, unterstützende Gemeinschaft von Entwicklern und Enthusiasten weltweit. Egal, ob Sie Hilfe bei einem bestimmten Problem benötigen oder einfach nur neue Ideen austauschen wollen, es gibt immer Unterstützung in Foren, bei Meetups oder auf Konferenzen.

Karrierechancen: Die Fähigkeit, Python zu programmieren, öffnet viele Türen. Viele Unternehmen, von Start-ups bis hin zu großen Konzernen, suchen aktiv nach Python-Kennern. Die Nachfrage nach Python-Kenntnissen in Bereichen wie Datenwissenschaft und Machine Learning ist besonders hoch und wächst weiter.

Durch das Erlernen von Python entwickeln Sie eine vielseitig einsetzbare Fähigkeit, die in der modernen technologischen Landschaft hoch geschätzt wird. Sie werden nicht nur in der Lage sein, komplexe Herausforderungen zu lösen und effektive Lösungen zu entwickeln, sondern auch eine solide Grundlage für kontinuierliches Lernen in Ihrer beruflichen Laufbahn schaffen.

1.3 Python im Alltag und Beruf

Python ist nicht nur in der Technologiebranche weit verbreitet, sondern hat auch im Alltag und in zahlreichen Berufsfeldern eine wesentliche Rolle eingenommen. Die Einfachheit und Flexibilität der Sprache ermöglichen es, viele tägliche Probleme effizient zu lösen und Automatisierung in verschiedenen Aspekten des Lebens zu integrieren.

Alltagsanwendungen: Python findet Verwendung in alltäglichen Anwendungen wie der Automatisierung von Haushaltsaufgaben oder der Verwaltung persönlicher Finanzen durch Skripte. Beispielsweise kann Python dazu verwendet werden, E-Mails zu sortieren, Dateien zu organisieren oder sogar, um Erinnerungen zu setzen. Diese kleinen Automatisierungen sparen Zeit und vereinfachen wiederkehrende Aufgaben.

Berufliche Anwendungsbereiche:

- **Webentwicklung:** Python wird häufig für Webserver, Datenbankverwaltung und die Backend-Entwicklung verwendet. Frameworks wie Django und Flask haben die Entwicklung von stabilen und skalierbaren Webanwendungen vereinfacht.

- **Datenanalyse und Data Science:** Python ist die führende Sprache in der Datenwissenschaft. Mit Bibliotheken wie Pandas, NumPy und Matplotlib können Datenanalysten komplexe Datensätze analysieren, Daten visualisieren und aussagekräftige Einsichten gewinnen, die zur Entscheidungsfindung in Unternehmen beitragen.

- **Künstliche Intelligenz und maschinelles Lernen:** Python ist aufgrund seiner einfachen Syntax und der Verfügbarkeit fortschrittlicher Bibliotheken wie TensorFlow und Keras bei Forschern und Entwicklern im Bereich KI sehr beliebt. Diese Werkzeuge ermöglichen es, fortschrittliche Algorithmen zu entwickeln, die von einfachen Empfehlungssystemen bis hin zu komplexen selbstlernenden Systemen reichen.

- **Wissenschaft und Forschung:** Python wird häufig in wissenschaftlichen und akademischen Kreisen eingesetzt, um komplexe Berechnungen durchzuführen und wissenschaftliche Daten auszuwerten. Die Sprache wird in Bereichen wie Astronomie, Physik, Chemie und Biologie verwendet.

- **Automatisierung und Systemadministration:** Python erleichtert Systemadministratoren das Skripting und die Automatisierung routinemäßiger Netzwerk- und Systemwartungsaufgaben, wodurch Prozesse effizienter und weniger fehleranfällig werden.

1.4 Geschichte und Entwicklung der Programmiersprache Python

Python wurde Anfang der 1990er Jahre von Guido van Rossum in den Niederlanden als Nachfolger der Programmiersprache ABC entwickelt. Van Rossum begann mit der Arbeit an Python während seiner Weihnachtsferien, da er ein Interesse an der Schaffung einer Ausnahmebehandlung hatte und von der Lesbarkeit des Codes fasziniert war. Der Name "Python" wurde nicht – wie oft angenommen – nach der Schlange, sondern nach der britischen Komikergruppe Monty Python gewählt, was die spielerische und vielseitige Natur der Sprache widerspiegelt.

Frühe Jahre: Python 1.0 wurde 1994 veröffentlicht und enthielt bereits grundlegende Elemente wie Ausnahmebehandlung, Funktionen und die Modulstruktur, die Python heute auszeichnet. Diese frühe Version legte den Grundstein für die zukünftige Entwicklung der Sprache.

Weiterentwicklung: In den späten 1990ern und frühen 2000ern erlebte Python eine rasante Entwicklung und Einführung neuer Features. Die Veröffentlichung von Python 2.0 im Jahr 2000 brachte viele Verbesserungen, darunter eine umfassende Garbage Collection und Unterstützung für Unicode, was Python für internationale Anwendungen attraktiver machte.

Python 3: 2008 wurde Python 3.0 eingeführt, eine größere Revision, die nicht vollständig rückwärtskompatibel mit Python 2.x war. Diese Version zielte darauf ab, Designfehler zu beheben und die Grundlagen der Sprache zu verbessern. Wichtige Änderungen umfassten die Verbesserung des Umgangs mit Strings (die nun Unicode als Standard verwenden) und Änderungen an der Standardbibliothek. Python 3 setzte sich das Ziel, einfacher, konsistenter und weiterhin so lesbar wie möglich zu sein.

Heutiger Stand: Python ist mittlerweile eine der am häufigsten genutzten Programmiersprachen weltweit. Es wird von einer aktiven Community weiterentwickelt und ist bekannt für seine mächtigen Bibliotheken und Frameworks. Die Sprache wird in verschiedenen Bereichen von Webentwicklung über wissenschaftliche Anwendungen bis hin zum maschinellen Lernen eingesetzt.

Die anhaltende Entwicklung und das Engagement der Python-Gemeinschaft haben dazu beigetragen, dass Python eine zentrale Rolle in der modernen Softwareentwicklung spielt, wobei regelmäßig neue Versionen veröffentlicht werden, die Leistung verbessern und neue Features hinzufügen.

Die Geschichte von Python ist ein Beispiel dafür, wie eine Sprache durch eine Kombination aus gutem Design, einer starken Vision und einer engagierten Gemeinschaft wachsen und gedeihen kann. Sie bleibt eine erste Wahl für Anfänger und Profis gleichermaßen.

1.5 Tipps für effektives Lernen

Das Erlernen einer neuen Programmiersprache wie Python kann eine aufregende und gleichzeitig herausfordernde Erfahrung sein. Hier sind einige bewährte Methoden und Strategien, die Ihnen helfen können, effektiver zu lernen und das Beste aus diesem Buch herauszuholen:

1. Setzen Sie sich klare Lernziele: Definieren Sie, was Sie durch das Studium dieses Buches erreichen möchten. Ob es darum geht, eine bestimmte Anwendung zu erstellen, eine neue Stelle zu bekommen oder einfach nur neue Fähigkeiten zu erlernen, klare Ziele können Ihnen helfen, motiviert und auf Kurs zu bleiben.

2. Praktische Anwendung: Python zu lernen ist am effektivsten, wenn Sie das Gelernte sofort anwenden. Nutzen Sie die praktischen Übungen in diesem Buch, um das Gelernte zu festigen. Experimentieren Sie auch mit eigenen kleinen Projekten oder verbessern Sie vorhandene Skripte.

3. Regelmäßige Übungszeiten: Planen Sie regelmäßige Lernzeiten ein. Die Regelmäßigkeit hilft Ihnen, neue Konzepte schneller zu verstehen und im Gedächtnis zu behalten. Selbst kurze tägliche Sessions können effektiver sein als sporadisches Lernen.

4. Nutzen Sie zusätzliche Ressourcen: Ergänzen Sie Ihr Lernen durch weitere Materialien wie Online-Kurse, Tutorials, Foren und Communities. Dies kann Ihnen neue Perspektiven und zusätzliches Verständnis vermitteln.

5. Pausen einlegen: Effektives Lernen beinhaltet auch, sich Zeit für Pausen zu nehmen. Studien zeigen, dass längere Lernsessions ohne Pausen oft weniger produktiv sind. Kurze Pausen helfen, die geistige Energie zu regenerieren.

6. Diskutieren und erklären Sie anderen: Eine der besten Methoden, um zu lernen, besteht darin, das Gelernte jemand anderem zu erklären. Das kann in Studiengruppen, Foren oder auch im Gespräch mit Freunden oder Kollegen geschehen. Wenn Sie in der Lage sind, ein Konzept zu lehren, haben Sie es wahrscheinlich erfolgreich gemeistert.

7. Reflektieren und notieren Sie Ihre Fortschritte: Führen Sie ein Lernjournal, in dem Sie Schwierigkeiten und Erfolge notieren. Dies kann Ihnen helfen, Ihren Lernprozess zu überblicken und Anpassungen vorzunehmen, wo nötig.

Durch die Anwendung dieser Tipps können Sie Ihre Lernerfahrung verbessern und sicherstellen, dass Sie das meiste aus Ihrer Zeit mit Python machen. Jeder lernt anders, daher ist es wichtig, dass Sie herausfinden, welche Methoden für Sie am besten funktionieren.

Kapitel 2: Einführung in Python

2.1 Was ist Python?

Python ist eine hochrangige, interpretierte Programmiersprache, die für ihre klare Syntax und Lesbarkeit bekannt ist. Sie wurde mit dem Ziel entwickelt, den Code sowohl einfach zu schreiben als auch zu lesen zu machen. Python unterstützt mehrere Programmierparadigmen, darunter prozedurale, objektorientierte und funktionale Programmierung.

Einer der größten Vorteile von Python ist seine umfangreiche Standardbibliothek, die als "Batterien inklusive"-Ansatz bekannt ist. Diese Bibliothek bietet Module und Pakete, die für verschiedene Aufgaben wie Dateimanipulation, Systemanrufe und sogar Internetprotokolle verwendet werden können.

Python wird häufig in der wissenschaftlichen und akademischen Gemeinschaft verwendet, insbesondere in der Datenanalyse und im maschinellen Lernen, da es einfach zu lernen ist und leistungsfähige Analyse- und Datenverarbeitungsfähigkeiten bietet. Große Organisationen und Unternehmen nutzen Python ebenfalls für diverse Anwendungen, von Webentwicklung bis hin zu Spieleentwicklung und Netzwerkservern.

Die Sprache fördert eine aktive und wachsende Gemeinschaft, die kontinuierlich zur Entwicklung von Open-Source-Bibliotheken und Frameworks beiträgt, die die Funktionalität von Python weiter erweitern. Dies macht Python zu einer der beliebtesten Sprachen unter Programmierern, Forschern und Datenwissenschaftlern weltweit.

2.2 Installation von Python

Die Installation von Python ist ein einfacher Prozess, der je nach Betriebssystem variiert. Hier sind die Schritte, um Python auf den gängigsten Betriebssystemen zu installieren:

Für Windows:

1. **Download**: Besuchen Sie die offizielle Python-Webseite (python.org) und navigieren Sie zum Download-Bereich. Wählen Sie die neueste Version für Windows.

2. **Installer**: Laden Sie den Installer herunter und starten Sie ihn. Wählen Sie bei der Installation die Option "Add Python 3.x to PATH", um sicherzustellen, dass der Interpreter in der Befehlszeile verfügbar ist.

3. **Installation**: Folgen Sie den Anweisungen des Installationsassistenten. Standardmäßig installiert Python alle nötigen Komponenten.

4. **Überprüfung**: Öffnen Sie die Kommandozeile (cmd) und geben Sie **python --version** ein, um zu überprüfen, ob Python richtig installiert wurde.

Für macOS:

1. **Download**: Gehen Sie wie bei Windows vor und laden Sie die macOS-Version von der Python-Website herunter.

2. **Installation**: Öffnen Sie die heruntergeladene **.pkg**-Datei, um den Installer zu starten. Folgen Sie den Anweisungen zur Installation.

3. **Überprüfung**: Öffnen Sie das Terminal und tippen Sie **python3 --version** ein, um die Installation zu überprüfen.

Für Linux:

Python ist oft bereits auf Linux-Systemen vorinstalliert. Um die Installation zu überprüfen oder eine neuere Version zu installieren:

1. **Überprüfung**: Öffnen Sie ein Terminalfenster und geben Sie **python3 --version** ein.

2. **Installation**: Wenn Python nicht installiert ist oder Sie eine neuere Version benötigen, verwenden Sie den Paketmanager Ihres Systems. Für Ubuntu wäre der Befehl beispielsweise:

(sql)

sudo apt update

sudo apt install python3

3. **Alternative Methoden**: Für andere Linux-Distributionen passen Sie den Installationsbefehl entsprechend dem verwendeten Paketmanager an (z.B. **yum** für Fedora).

Diese Installationsschritte stellen sicher, dass Python auf Ihrem System bereitsteht und Sie bereit sind, Ihre ersten Python-Programme zu schreiben. Es ist empfehlenswert, immer die neueste stabile Version von Python zu installieren, um von allen Sicherheitsupdates und Funktionen zu profitieren.

2.3 Einrichten der Entwicklungsumgebung

Nachdem Sie Python installiert haben, ist der nächste Schritt das Einrichten einer geeigneten Entwicklungsumgebung. Eine gute Entwicklungsumgebung kann Ihre Produktivität erheblich steigern und das Programmieren erleichtern. Hier sind die grundlegenden Schritte, um Ihre Python-Entwicklungsumgebung einzurichten:

1. Wahl des Texteditors oder der IDE:

- **Texteditoren** wie Sublime Text, Atom oder Visual Studio Code sind leichtgewichtig und können durch Plugins erweitert werden, um Unterstützung für Python zu bieten. Sie sind ideal für kleinere Projekte oder für Entwickler, die eine einfache, schnelle Umgebung bevorzugen.

- **Integrierte Entwicklungsumgebungen (IDEs)** wie PyCharm, Spyder oder Eclipse (mit PyDev) bieten umfangreichere Funktionen, die speziell für die Python-Entwicklung entwickelt wurden, darunter Debugging-Tools, Codevervollständigung und integrierte Testtools. PyCharm ist besonders beliebt in der Python-Community und bietet eine Community-Version, die kostenlos genutzt werden kann.

2. Installation und Konfiguration der IDE:

- Laden Sie die von Ihnen gewählte IDE herunter und folgen Sie den Installationsanweisungen. Bei PyCharm zum Beispiel würden Sie die Software von der JetBrains-Website herunterladen und den Anweisungen des Installationsprogramms folgen.

- Konfigurieren Sie die IDE, um sicherzustellen, dass sie den Pfad zu Ihrer Python-Installation erkennt. Dies ist oft automatisch der Fall, kann jedoch in den Einstellungen manuell angepasst werden, falls nötig.

3. Einrichten virtueller Umgebungen:

- Virtuelle Umgebungen ermöglichen es Ihnen, projektspezifische Bibliotheken in isolierten Umgebungen zu installieren, ohne die globalen Python-Installationen zu beeinträchtigen. Dies ist besonders nützlich, wenn Sie an mehreren Projekten arbeiten, die unterschiedliche Abhängigkeiten haben.

- Sie können eine virtuelle Umgebung direkt über die Kommandozeile erstellen, indem Sie **python -m venv mein_venv** ausführen, wobei **mein_venv** der Name Ihrer virtuellen Umgebung ist.

- Aktivieren Sie die virtuelle Umgebung mit **mein_venv\Scripts\activate** auf Windows oder **source mein_venv/bin/activate** auf Unix oder MacOS.

4. Installation notwendiger Pakete:

- Verwenden Sie **pip**, den Paketmanager von Python, um notwendige Bibliotheken zu installieren. Zum Beispiel **pip install numpy** installiert die beliebte Bibliothek NumPy.

- Stellen Sie sicher, dass **pip** auf dem neuesten Stand ist, indem Sie **pip install --upgrade pip** ausführen.

5. Testen Ihrer Entwicklungsumgebung:

- Erstellen Sie ein einfaches Testskript, um sicherzustellen, dass alles korrekt eingerichtet ist. Sie könnten beispielsweise ein Skript schreiben, das **print("Hallo Welt")** ausführt, und sicherstellen, dass es ohne Fehler ausgeführt wird.

Indem Sie diese Schritte befolgen, können Sie eine robuste Entwicklungsumgebung für Ihre Python-Projekte einrichten. Mit der Zeit werden Sie möglicherweise zusätzliche Werkzeuge und Erweiterungen entdecken, die Ihre speziellen Bedürfnisse noch besser unterstützen.

2.4 Das erste Programm in Python

Eines der ersten Programme, die neue Programmierer in jeder Sprache erstellen, ist das sogenannte "Hallo Welt"-Programm. Es ist ein einfaches Skript, das dazu dient, die grundlegende Funktionsweise einer Programmiersprache zu demonstrieren. Hier ist, wie Sie Ihr erstes Python-Programm schreiben können:

Schritt 1: Öffnen Sie Ihren Texteditor oder Ihre IDE

- Starten Sie den Texteditor oder die IDE, die Sie während der Einrichtung Ihrer Entwicklungsumgebung installiert haben.

Schritt 2: Schreiben Sie den Code

- Erstellen Sie eine neue Datei und geben Sie folgenden Code ein:

```
print("Hallo Welt")
```

- Dieser Befehl sagt Python, dass es den Text "Hallo Welt" auf dem Bildschirm anzeigen soll. Die Funktion **print()** wird verwendet, um Nachrichten auszugeben.

Schritt 3: Speichern Sie das Skript

- Speichern Sie die Datei auf Ihrem Computer. Sie können sie beispielsweise **hallo.py** nennen. Die Erweiterung **.py** zeigt an, dass es sich um ein Python-Skript handelt.

Schritt 4: Führen Sie das Programm aus

- Öffnen Sie Ihre Kommandozeile oder Ihr Terminal.

- Navigieren Sie zu dem Verzeichnis, in dem Sie Ihr Skript gespeichert haben.

- Geben Sie **python hallo.py** ein, um das Skript auszuführen. Wenn alles korrekt eingerichtet ist, sollten Sie sehen, dass **Hallo Welt** in der Konsole ausgegeben wird.

Tipps für die Fehlerbehebung:

- Wenn das Skript nicht wie erwartet ausgeführt wird, überprüfen Sie, ob Sie den Python-Interpreter korrekt zu Ihrem Systempfad hinzugefügt haben.

- Stellen Sie sicher, dass Sie keine Tippfehler im Code haben, besonders bei der Funktion **print()**.

Das "Hallo Welt"-Programm ist ein wichtiger erster Schritt beim Erlernen von Python. Es bestätigt nicht nur, dass Ihre Entwicklungsumgebung korrekt eingerichtet ist, sondern bietet auch eine erste Einführung in die Syntax von Python. Nachdem Sie dieses einfache Programm erfolgreich ausgeführt haben, können Sie beginnen, komplexere Programme zu schreiben und mehr über Python zu lernen.

2.5 Ausführen von Python-Skripten

Nachdem Sie Ihr erstes Python-Programm geschrieben haben, ist es wichtig zu verstehen, wie Sie Python-Skripte effektiv ausführen können. Hier sind die grundlegenden Schritte und Tipps, um Python-Skripte auf verschiedenen Systemen auszuführen:

Ausführen eines Python-Skripts in der Kommandozeile:

1. **Öffnen Sie die Kommandozeile oder das Terminal:** Unter Windows können Sie die Eingabeaufforderung oder PowerShell verwenden, auf macOS und Linux das Terminal.

2. **Navigieren Sie zum Speicherort des Skripts:** Verwenden Sie den Befehl **cd**, um in das Verzeichnis zu wechseln, in dem Ihr Skript gespeichert ist. Zum Beispiel:

   (bash)

   cd Pfad/zu/deinem/Skript

3. **Führen Sie das Skript aus:** Geben Sie den folgenden Befehl ein, um Ihr Python-Skript auszuführen:

   python dateiname.py

   Ersetzen Sie **dateiname.py** durch den Namen Ihrer Python-Datei.

Verwendung einer IDE:

- Wenn Sie eine IDE wie PyCharm oder Visual Studio Code verwenden, gibt es in der Regel eine integrierte Funktion zum Ausführen von Skripten. Suchen Sie nach einer Schaltfläche wie „Run" oder „Play", oft dargestellt durch ein Dreieck-Symbol. Die IDE kümmert sich um die korrekte Ausführungsumgebung und zeigt die Ausgabe in einem integrierten Ausgabefenster an.

Ausführen von Skripten mit Argumenten:

- Manchmal möchten Sie Ihrem Skript beim Ausführen zusätzliche Daten als Argumente übergeben. Dies kann über die Kommandozeile geschehen, indem Sie nach dem Skriptnamen die Argumente hinzufügen. Zum Beispiel:

  python dateiname.py arg1 arg2

- Innerhalb des Skripts können Sie diese Argumente mit Hilfe des **sys.argv** aus dem **sys**-Modul abrufen. **sys.argv** ist eine Liste, in der **sys.argv[0]** der Skriptname ist und die folgenden Elemente die übergebenen Argumente sind.

Debugging:

- Sollten Fehler auftreten, gibt Python Fehlermeldungen aus, die oft Hinweise auf die Ursache des Problems enthalten. Lesen Sie diese Fehlermeldungen sorgfältig, um zu verstehen, was falsch läuft, und um Korrekturen vornehmen zu können.

Das Ausführen von Python-Skripten ist ein kritischer Bestandteil der Entwicklung, da es Ihnen ermöglicht, die Funktionalität Ihres Codes zu testen und zu sehen, wie er unter verschiedenen Bedingungen funktioniert. Durch das Üben dieser Schritte werden Sie effizienter in der Entwicklung und Fehlerbehebung Ihrer Python-Anwendungen.

2.6 Einführung in die interaktive Shell

Die interaktive Shell von Python, oft auch als Python-Interpreter oder einfach Python-Shell bezeichnet, ist ein unglaublich nützliches Werkzeug, das es Ihnen ermöglicht, Python-Befehle in Echtzeit auszuführen und sofort Feedback zu erhalten. Dies macht es zu einem idealen Werkzeug zum Experimentieren und zum Lernen von Python.

Zugriff auf die Python-Shell:

1. **Öffnen der Shell:**

   - Unter Windows öffnen Sie die Eingabeaufforderung oder PowerShell, auf macOS und Linux das Terminal.

   - Geben Sie **python** oder **python3** (abhängig von Ihrer Installation und Konfiguration) ein und drücken Sie Enter. Sie sollten etwas sehen, das wie folgt aussieht:

     (vbnet)

     Python 3.x.x (default, date) [GCC 7.3.0] on linux

     Type "help", "copyright", "credits" or "license" for more information.

     >>>

   - Die **>>>** sind der Prompt der Shell, an dem Sie Ihre Python-Befehle eingeben können.

Grundlegende Nutzung:

- An diesem Prompt können Sie beliebige Python-Befehle eingeben, die sofort ausgeführt werden. Zum Beispiel:

(python)

>>> print("Hallo Welt")

Hallo Welt

- Die interaktive Shell ist besonders nützlich, um schnelle Tests durchzuführen, Funktionen zu probieren oder kleine Stücke Code zu debuggen, ohne ein vollständiges Skript schreiben zu müssen.

Features der Shell:

- **Automatische Vervollständigung:** Viele Shells unterstützen die automatische Vervollständigung von Befehlen, indem Sie die Tab-Taste drücken. Dies kann sehr hilfreich sein, um die Namen von Funktionen und Modulen schnell zu finden.

- **Zugriff auf Hilfe:** Durch Eingabe von **help()** gelangen Sie in das Hilfe-Menü der Python-Shell. Sie können spezifische Hilfe zu Modulen oder Funktionen erhalten, indem Sie sie direkt in die Hilfe eingeben, zum Beispiel **help(str)** für Informationen über Python-Strings.

Verlassen der Shell:

- Um die interaktive Shell zu verlassen und zurück zur normalen Befehlszeile oder zum Terminal zu gelangen, können Sie **exit()** eingeben oder **Ctrl-D** (unter Unix/Mac) bzw. **Ctrl-Z** gefolgt von **Enter** (unter Windows) verwenden.

Die Python-Shell ist ein mächtiges Werkzeug, das Ihnen hilft, die Sprache zu erlernen und zu verstehen, wie verschiedene Teile von Python funktionieren. Die sofortige Rückmeldung, die Sie erhalten, wenn Sie Code ausführen, ist ungemein wertvoll, besonders wenn Sie neue Konzepte erlernen oder mit unbekannten Bibliotheken arbeiten.

2.7 Praktische Übungen

Um Ihr Verständnis von Python zu festigen und das Gelernte zu vertiefen, ist es essentiell, praktische Übungen durchzuführen. Hier sind einige Übungsaufgaben, die Ihnen helfen, Ihre Fähigkeiten zu testen und zu verbessern. Jede Aufgabe baut auf den Konzepten auf, die Sie bisher in diesem Kapitel gelernt haben.

Übung 1: Einfacher Ausdruck

- Schreiben Sie ein Programm, das die Summe von zwei Zahlen berechnet und das Ergebnis ausgibt. Testen Sie Ihr Programm mit verschiedenen Zahlenpaaren.

Übung 2: Interaktion mit dem Nutzer

- Erweitern Sie das vorherige Programm, indem Sie den Benutzer auffordern, die Zahlen über die Eingabeaufforderung einzugeben. Verwenden Sie die **input()** Funktion, um die Eingaben des Benutzers zu erfassen, und konvertieren Sie diese in Zahlen, bevor Sie sie addieren.

Übung 3: Bedingungen verwenden

- Schreiben Sie ein Skript, das den Benutzer nach seinem Alter fragt und dann entscheidet, ob der Benutzer volljährig ist (18 Jahre oder älter). Geben Sie eine entsprechende Nachricht aus, basierend auf dem Alter des Benutzers.

Übung 4: Listen und Schleifen

- Erstellen Sie eine Liste von mindestens fünf Ihrer Lieblingsfilme. Schreiben Sie ein Programm, das diese Filme in einer Schleife durchgeht und jeden Film in der Konsole ausgibt.

Übung 5: Funktionen definieren

- Definieren Sie eine Funktion, die drei Zahlen als Parameter annimmt und die größte der drei zurückgibt. Testen Sie Ihre Funktion mit verschiedenen Zahlen, um sicherzustellen, dass sie korrekt funktioniert.

Übung 6: Fehlerbehandlung

- Erweitern Sie eines der obigen Programme, um Fehlerbehandlung hinzuzufügen. Stellen Sie sicher, dass Ihr Programm Gracely handhabt, wenn der Benutzer eine ungültige Eingabe (z. B. eine Zeichenkette, wenn eine Zahl erwartet wird) eingibt.

Diese Übungen sollen Ihnen helfen, die Konzepte, die Sie gelernt haben, zu verstehen und anzuwenden. Indem Sie diese Aufgaben lösen, entwickeln Sie nicht nur Ihre Programmierfähigkeiten weiter, sondern lernen auch, wie Python Ihnen bei der Lösung realer Probleme helfen kann. Nehmen Sie sich Zeit, jede Aufgabe gründlich zu bearbeiten, und zögern Sie nicht, das Internet oder Bücher zu konsultieren, um Hilfe zu finden oder neue Ideen zu entdecken.

2.8 Ergebnisse der praktischen Übungen

Hier sind die Lösungen zu den in 2.7 vorgestellten praktischen Übungen, um Ihnen zu helfen, Ihre Python-Fähigkeiten zu bewerten und zu verbessern.

Übung 1: Einfacher Ausdruck

```python
# Addiere zwei Zahlen und gebe das Ergebnis aus
zahl1 = 5
zahl2 = 3
summe = zahl1 + zahl2
print("Die Summe von", zahl1, "und", zahl2, "ist", summe)
```

Übung 2: Interaktion mit dem Nutzer

```python
# Fordere den Benutzer auf, zwei Zahlen einzugeben und gebe die Summe aus
zahl1 = float(input("Geben Sie die erste Zahl ein: "))
zahl2 = float(input("Geben Sie die zweite Zahl ein: "))
summe = zahl1 + zahl2
print("Die Summe von", zahl1, "und", zahl2, "ist", summe)
```

Übung 3: Bedingungen verwenden

```python
# Frage den Benutzer nach seinem Alter und entscheide, ob er volljährig ist
alter = int(input("Wie alt sind Sie? "))
if alter >= 18:
    print("Sie sind volljährig.")
else:
    print("Sie sind minderjährig.")
```

Übung 4: Listen und Schleifen

```python
# Erstelle eine Liste von Filmen und gib jeden Film in einer Schleife aus
filme = ["Inception", "The Matrix", "Pulp Fiction", "Blade Runner", "Interstellar"]
for film in filme:
```

```python
    print(film)
```

Übung 5: Funktionen definieren

```python
# Definiere eine Funktion, die das Maximum von drei Zahlen zurückgibt
def finde_maximum(zahl1, zahl2, zahl3):
    return max(zahl1, zahl2, zahl3)


# Teste die Funktion
print(finde_maximum(4, 7, 2))
```

Übung 6: Fehlerbehandlung

```python
# Füge Fehlerbehandlung zu einer der vorherigen Übungen hinzu, z.B. beim Einlesen von Zahlen
try:
    zahl1 = float(input("Geben Sie die erste Zahl ein: "))
    zahl2 = float(input("Geben Sie die zweite Zahl ein: "))
    summe = zahl1 + zahl2
    print("Die Summe von", zahl1, "und", zahl2, "ist", summe)
except ValueError:
    print("Bitte geben Sie nur Zahlen ein.")
```

Kapitel 3: Variablen und Datentypen

3.1 Einführung in Variablen

In der Programmierung sind Variablen von zentraler Bedeutung, da sie dazu dienen, Daten zu speichern, die während der Ausführung eines Programms verwendet werden. Eine Variable kann man sich wie eine Box vorstellen, auf der ein Name steht und die einen bestimmten Wert enthält.

Was ist eine Variable?

- Eine Variable ist ein Speicherort im Speicher des Computers, der durch einen Namen (den Variablennamen) identifiziert wird.

- Der Wert einer Variablen kann im Laufe eines Programms geändert werden, was bedeutet, dass der Inhalt der "Box" austauschbar ist.

Deklaration und Initialisierung von Variablen:

- In Python werden Variablen deklariert, indem man ihnen einfach einen Wert zuweist, ohne einen expliziten Typ anzugeben. Dies wird als dynamische Typisierung bezeichnet.

- Zum Beispiel:

  alter = 30

  name = "Maria"

- Hier ist **alter** eine Variable, die den ganzzahligen Wert **30** speichert, und **name** ist eine Variable, die den String **"Maria"** speichert.

Regeln für Variablennamen in Python:

- Variablennamen können Buchstaben, Ziffern oder Unterstriche enthalten und müssen mit einem Buchstaben oder einem Unterstrich beginnen.

- Sie können nicht mit einer Zahl beginnen und dürfen keine reservierten Wörter verwenden, die in Python eine besondere Bedeutung haben, wie z.B. **if, for** oder **while**.

Beispiel zur Verwendung von Variablen:

- Variablen machen Programme flexibler und wiederverwendbar. Zum Beispiel:

  radius = 5

  flaeche = 3.14159 * radius ** 2

  print("Die Fläche des Kreises ist:", flaeche)

Durch den Einsatz von Variablen kann der gleiche Code zur Berechnung der Fläche für unterschiedliche Radien verwendet werden, indem einfach der Wert der Variable **radius** geändert wird, ohne dass der eigentliche Berechnungscode modifiziert werden muss. Dies ist ein Grundprinzip der effizienten Programmierung und hilft, Fehler zu reduzieren und die Lesbarkeit des Codes zu verbessern.

3.2 Datentypen: Zahlen

In Python gibt es hauptsächlich zwei Arten von Zahlen: Ganzzahlen (Integer) und Fließkommazahlen (Floats). Diese Datentypen ermöglichen es Ihnen, mathematische Berechnungen in Ihren Programmen durchzuführen und sind die Grundlage für viele weitere komplexe Operationen.

Ganzzahlen (Integer):

- Ganzzahlen sind die einfachsten numerischen Daten in Python und repräsentieren ganze Zahlen ohne Dezimalpunkt.

- Beispiele für Ganzzahlen sind **1, 200, -5**.

- Sie können mit den üblichen mathematischen Operatoren wie Addition (**+**), Subtraktion (**-**), Multiplikation (*****), und Division (**/**) manipuliert werden. Beachten Sie, dass die Division von Ganzzahlen in Python 3 immer eine Fließkommazahl zurückgibt.

Fließkommazahlen (Floats):

- Fließkommazahlen sind Zahlen, die einen Dezimalpunkt enthalten oder in wissenschaftlicher Notation (z.B. **e** oder **E**) ausgedrückt werden.

- Beispiele für Fließkommazahlen sind **3.14, -0.001**, und **2e2** (was **200.0** entspricht).

- Fließkommazahlen werden typischerweise für präzisere Berechnungen oder wenn die Genauigkeit über die Grenzen von Ganzzahlen hinaus erforderlich ist, verwendet.

Arbeiten mit Zahlen:

- Python unterstützt alle typischen arithmetischen Operationen, und durch den Einsatz von Funktionen wie **abs()**, **round()**, und **pow()** können weitere nützliche Operationen mit Zahlen durchgeführt werden.

- Python behandelt große Zahlen automatisch, so dass Sie sich keine Sorgen um den Überlauf bei Ganzzahlen machen müssen, wie es in einigen anderen Sprachen der Fall ist.

Beispielcode:

```
# Arbeiten mit Ganzzahlen und Fließkommazahlen

zahl1 = 10    # Ganzzahl

zahl2 = 3.5    # Fließkommazahl


summe = zahl1 + zahl2

differenz = zahl1 - zahl2

produkt = zahl1 * zahl2

quotient = zahl1 / zahl2


print("Summe:", summe)

print("Differenz:", differenz)
```

```python
print("Produkt:", produkt)

print("Quotient:", quotient)
```

Die genaue Kenntnis darüber, wie Ganzzahlen und Fließkommazahlen in Python funktionieren und verwendet werden, ist entscheidend für die Entwicklung effizienter und korrekter Programme, besonders wenn Sie mit mathematischen Berechnungen oder datenintensiven Anwendungen arbeiten.

3.3 Datentypen: Zeichenketten

Zeichenketten, oder in der Programmierung häufig als "Strings" bezeichnet, sind in Python eine sehr flexible Datenstruktur, die zur Speicherung von Text verwendet wird. Ein String in Python ist eine Sequenz von Zeichen, die in Anführungszeichen eingeschlossen ist. Sie können sowohl einfache Anführungszeichen (') als auch doppelte Anführungszeichen (") verwenden, was Ihnen die Freiheit gibt, Zeichenketten nach Ihrem Bedarf zu gestalten.

Grundlegende Verwendung von Strings:

- **Erstellen eines Strings:**

  (python)

  ```python
  text1 = 'Hallo Welt' text2 = "Python ist toll"
  ```

- **Zugriff auf Zeichen in einem String:** Python erlaubt den Zugriff auf einzelne Zeichen oder Teile eines Strings durch Indizierung und Slicing.

  (python)

  ```python
  erstes_zeichen = text1[0] # 'H'

  teilstring = text2[7:11] # 'ist'
  ```

- **Länge eines Strings:** Die eingebaute Funktion **len()** gibt die Anzahl der Zeichen in einem String zurück.

  (python)

  ```python
  laenge = len(text1) # 10
  ```

String-Operationen:

- **Verketten von Strings:** Zwei oder mehr Strings können mit dem **+** Operator verknüpft werden.

  (python)

  ```python
  begruessung = text1 + ' - ' + text2 # 'Hallo Welt - Python ist toll'
  ```

- **String-Methoden:** Python-Strings bieten viele nützliche Methoden, wie z.B. **lower()**, **upper()**, **strip()**, **startswith()**, und **endswith()**.

  (python)

  ```python
  klein = text1.lower() # 'hallo welt'
  ```

```
gross = text2.upper() # 'PYTHON IST TOLL'
```

String-Formatierung:

- Python bietet mehrere Möglichkeiten zur Formatierung von Strings, was besonders nützlich ist, um dynamische Textausgaben zu erzeugen.

- Die modernste Methode ist die Formatierung mit f-Strings (seit Python 3.6):

(python)

```
name = 'Anna'

alter = 28

begruessung = f'Mein Name ist {name} und ich bin {alter} Jahre alt.'
```

- Ältere Methoden umfassen den **.format()**-Methode und den **%**-Operator.

Besonderheiten von Strings:

- Strings in Python sind unveränderlich, was bedeutet, dass Sie die Zeichen in einem String nicht ändern können, nachdem er erstellt wurde. Um einen String zu ändern, müssen Sie einen neuen String erstellen.

- Mehrzeilige Strings können mit dreifachen Anführungszeichen (''' oder """) erzeugt werden, was nützlich ist, um lange Texte oder Dokumentationsstrings zu definieren.

Durch das Verständnis und die effektive Nutzung von Strings können Sie eine Vielzahl von Funktionen in Python implementieren, von der Textverarbeitung bis hin zur Automatisierung von Aufgaben, die Texteingaben oder -ausgaben erfordern.

3.4 Datentypen: Listen

Listen in Python sind vielseitige, geordnete Sammlungen von Objekten und einer der meistverwendeten Datentypen. Sie sind besonders nützlich, weil sie Daten jeglicher Art speichern können – von Zahlen und Strings bis hin zu weiteren Listen und anderen komplexen Objekten.

Erstellung und Grundlagen:

- **Liste Erstellen:** Eine Liste wird definiert, indem die Elemente zwischen eckige Klammern **[ ]** gesetzt werden und durch Kommas getrennt sind.

```
meine_liste = [1, 2, 3]

namen = ["Anna", "Bernd", "Carla"]
```

- **Gemischte Datentypen:** Listen können Elemente verschiedener Datentypen enthalten.

```
gemischte_liste = [42, "Apfel", 3.14, [1, 2, 3]]
```

Zugriff und Modifikation:

- **Zugriff auf Elemente:** Der Zugriff auf die Elemente einer Liste erfolgt über den Index, wobei der erste Index 0 ist.

```
erstes_element = namen[0] # "Anna"
```

- **Ändern von Elementen:** Da Listen veränderlich sind, können ihre Elemente verändert werden.

```
namen[0] = "Alex"
```

- **Teillisten (Slicing):** Sie können auch Teile einer Liste mit dem Slicing-Operator auswählen.

```
teil_der_liste = meine_liste[1:3] # [2, 3]
```

Wichtige Listenmethoden:

- **Elemente hinzufügen: append()** fügt ein Element am Ende der Liste hinzu, **insert()** fügt es an einer bestimmten Position ein.

```
namen.append("David")
```

```
namen.insert(1, "Erika")
```

- **Elemente entfernen: remove()** entfernt das erste Vorkommen eines Elements, **pop()** entfernt ein Element an einer bestimmten Position.

```
namen.remove("Bernd")
```

```
entferntes_element = namen.pop(2) # Entfernt das dritte Element
```

Iteration über Listen:

- Listen können mit einer **for**-Schleife durchlaufen werden, was das Bearbeiten oder Anzeigen jedes Elements ermöglicht.

```
for name in namen:
    print(name)
```

Listen und Speicherverwaltung:

- Listen sind dynamisch, was bedeutet, dass Python intern den Speicherplatz verwaltet und bei Bedarf erweitert, wenn Elemente zur Liste hinzugefügt werden.

Listen sind ein mächtiges Werkzeug in Python, das Ihnen ermöglicht, Daten effizient zu sammeln, zu speichern und zu manipulieren. Durch ihre Flexibilität und mächtige eingebaute Methoden sind sie ideal für Aufgaben, bei denen die Anzahl der Elemente variabel ist oder sich die Daten oft ändern.

3.5 Datentypen: Tupel

Tupel in Python sind ähnlich wie Listen eine Sammlung von Objekten. Der wesentliche Unterschied ist jedoch, dass Tupel unveränderlich (immutable) sind. Einmal erstellt, können die Elemente eines Tupels nicht mehr verändert werden. Dies macht Tupel zu einer sicheren Wahl, wenn es darum geht, Daten zu speichern, die nicht geändert werden sollen.

Erstellung und Grundlagen:

- **Tupel Erstellen:** Ein Tupel wird definiert, indem die Elemente zwischen runden Klammern () gesetzt und durch Kommas getrennt werden.

  mein_tupel = (1, 2, 3)

  namen_tupel = ("Anna", "Bernd", "Carla")

- **Gemischte Datentypen:** Wie Listen können auch Tupel Elemente verschiedener Datentypen enthalten.

  gemischtes_tupel = (42, "Apfel", 3.14, [1, 2, 3])

Zugriff und Eigenschaften:

- **Zugriff auf Elemente:** Der Zugriff auf die Elemente eines Tupels erfolgt ebenfalls über den Index.

  erstes_element = namen_tupel[0] # "Anna"

- **Unveränderlichkeit:** Im Gegensatz zu Listen können die Elemente eines Tupels nicht geändert werden. Versuche, dies zu tun, führen zu einem Fehler.

  # namen_tupel[0] = "Alex" # Dies würde einen TypeError verursachen

- **Teiltupel (Slicing):** Tupel unterstützen Slicing, um Teile des Tupels zu extrahieren.

  teil_des_tupels = mein_tupel[1:3] # (2, 3)

Vorteile von Tupeln:

- **Performance:** Tupel sind schneller als Listen, was sie in Situationen, in denen ihre Unveränderlichkeit kein Hindernis darstellt, vorteilhaft macht.

- **Sicherheit:** Da Tupel nicht verändert werden können, sind sie sicher vor unbeabsichtigten Datenänderungen geschützt und können als Schlüssel in Dictionaries verwendet werden.

Verwendung von Tupeln:

- Tupel sind besonders nützlich, wenn Sie sicherstellen wollen, dass eine Sammlung von Werten nicht geändert wird. Beispielsweise bei der Übergabe von Parametern an Funktionen, die nicht modifiziert werden sollen.

- Auch in Situationen, wo eine schnelle, nur-lese Operation erforderlich ist, bieten sich Tupel als effiziente Alternative zu Listen an.

Tupel bieten also eine hervorragende Möglichkeit, Daten in Python sicher und effizient zu handhaben, insbesondere wenn die Integrität der Daten über die Laufzeit eines Programms hinweg gewährleistet sein muss.

3.6 Datentypen: Wörterbücher

Wörterbücher in Python, bekannt als "Dictionaries", sind ungemein nützliche und flexible Datentypen, die es erlauben, Werte mit Schlüsseln zu speichern und abzurufen. Dieser Datentyp eignet sich hervorragend zur Speicherung von Zuordnungen und ist ein essenzieller Bestandteil vieler Datenstrukturen und Algorithmen in Python.

Erstellung und Grundlagen:

- **Wörterbuch erstellen:** Ein Wörterbuch wird mit geschweiften Klammern {} erstellt, wobei Schlüssel und Werte durch Doppelpunkte getrennt sind. Schlüssel müssen eindeutig und unveränderlich sein (d.h. sie können vom Typ String, Zahl oder Tupel sein, sofern das Tupel nur unveränderliche Typen enthält).

  mein_woerterbuch = {'name': 'Anna', 'alter': 28}

- **Zugriff auf Elemente:** Der Zugriff auf die Werte erfolgt über den Schlüssel.

  name = mein_woerterbuch['name'] # Gibt 'Anna' zurück

Hinzufügen und Ändern von Elementen:

- **Element hinzufügen:** Sie können dem Wörterbuch einfach durch Zuweisung eines Wertes zu einem neuen Schlüssel ein Element hinzufügen.

  mein_woerterbuch['beruf'] = 'Ingenieurin'

- **Element ändern:** Wenn der Schlüssel bereits existiert, überschreibt die Zuweisung den vorhandenen Wert.

  mein_woerterbuch['name'] = 'Bernd'

Weitere nützliche Methoden:

- **Element entfernen:** Verwenden Sie **del** oder die Methode **pop()**, um Elemente zu entfernen.

  del mein_woerterbuch['alter']

  beruf = mein_woerterbuch.pop('beruf') # Entfernt 'beruf' und gibt 'Ingenieurin' zurück

- **Schlüssel überprüfen:** Prüfen Sie, ob ein Schlüssel im Wörterbuch vorhanden ist, indem Sie **in** verwenden.

  if 'name' in mein_woerterbuch:

      print('Name ist vorhanden.')**Durchlaufen eines Wörterbuchs:**

- Sie können Schlüssel, Werte oder beides durchlaufen, indem Sie Methoden wie **keys()**, **values()**, und **items()** verwenden.

  for key, value in mein_woerterbuch.items():

      print(f'Schlüssel: {key}, Wert: {value}')

Wörterbücher sind aufgrund ihrer Flexibilität, Effizienz und direkten Zuordnung zwischen Schlüsseln und Werten besonders wertvoll in der Softwareentwicklung. Sie werden häufig verwendet, um Datenbeziehungen zu speichern, schnellen Zugriff auf Daten zu ermöglichen und komplexe Datenstrukturen zu unterstützen. Sie sind ein zentraler Bestandteil von Python und erleichtern die Handhabung dynamischer Informationen erheblich.

3.7 Praktische Übungen

Um Ihr Verständnis der verschiedenen Datentypen, die wir in diesem Kapitel behandelt haben, zu vertiefen, sind hier einige Übungen. Diese Aufgaben helfen Ihnen, praktische Erfahrungen im Umgang mit Variablen, Listen, Tupeln, Wörterbüchern und den verschiedenen Operationen, die mit diesen Datentypen durchgeführt werden können, zu sammeln.

Übung 1: Listen manipulieren

- Erstellen Sie eine Liste mit den Namen Ihrer fünf Lieblingsfilme.

- Fügen Sie einen weiteren Film am Ende der Liste hinzu und entfernen Sie den ersten Film aus der Liste.

- Sortieren Sie die Liste alphabetisch und geben Sie das Ergebnis aus.

Übung 2: Arbeiten mit Tupeln

- Erstellen Sie ein Tupel, das verschiedene Datentypen enthält (Zahlen, Strings, eine Liste).

- Versuchen Sie, ein Element des Tupels zu ändern (was zu einem Fehler führen sollte, da Tupel unveränderlich sind).

- Geben Sie jedes Element des Tupels in einer Schleife aus.

Übung 3: Wörterbuch-Operationen

- Erstellen Sie ein Wörterbuch, das Informationen über ein Fahrzeug speichert (z. B. Marke, Modell, Baujahr).

- Fügen Sie dem Wörterbuch zwei weitere Eigenschaften hinzu (z. B. Farbe und Kraftstoffart).

- Entfernen Sie eine Eigenschaft und geben Sie das gesamte Wörterbuch aus.

Übung 4: Datenstrukturen kombinieren

- Erstellen Sie ein Wörterbuch, das verschiedene Kategorien von Elementen speichert. Jede Kategorie sollte eine Liste von Items enthalten. Zum Beispiel: **fruechte = {'Tropisch': ['Mango', 'Ananas'], 'Lokal': ['Apfel', 'Birne']}**.

- Fügen Sie jeder Kategorie ein weiteres Element hinzu und geben Sie alle Elemente einer Kategorie aus Ihrer Wahl aus.

Übung 5: String-Manipulationen

- Erstellen Sie einen String, der einen Satz enthält.

- Verwenden Sie verschiedene String-Methoden, um den Satz in Großbuchstaben umzuwandeln, ihn zu teilen und das letzte Wort zu ersetzen.

- Formatieren Sie den Satz neu, indem Sie ein Wort durch ein anderes ersetzen, und geben Sie das Ergebnis aus.

Diese Übungen decken ein breites Spektrum an Operationen und Szenarien ab, die Ihnen helfen sollen, die Flexibilität und Funktionalität von Pythons eingebauten Datentypen zu verstehen und effektiv zu nutzen. Nehmen Sie sich Zeit, um jede Aufgabe zu lösen, und experimentieren Sie mit weiteren Variationen, um Ihr Verständnis zu vertiefen.

3.8 Lösungen zu den praktischen Übungen

Hier sind die Lösungen zu den Übungen aus dem Abschnitt 3.7, die Ihnen helfen, Ihre Kenntnisse der verschiedenen Datentypen in Python zu festigen und zu erweitern.

Lösung zu Übung 1: Listen manipulieren

```
# Liste der Lieblingsfilme

filme = ["Interstellar", "Inception", "The Matrix", "Fight Club", "Pulp Fiction"]

filme.append("Forrest Gump")  # Film hinzufügen

filme.pop(0)  # Ersten Film entfernen

filme.sort()  # Liste alphabetisch sortieren

print(filme)  # Ausgabe der sortierten Liste
```

Lösung zu Übung 2: Arbeiten mit Tupeln

```
# Tupel mit verschiedenen Datentypen erstellen

mein_tupel = (42, "Apfel", [1, 2, 3])

# Versuch, ein Element des Tupels zu ändern (wird Fehler erzeugen)

try:

    mein_tupel[1] = "Birne"

except TypeError as e:

    print(e)

# Elemente des Tupels ausgeben

for element in mein_tupel:

    print(element)
```

Lösung zu Übung 3: Wörterbuch-Operationen

```
# Wörterbuch für ein Fahrzeug erstellen

fahrzeug = {'Marke': 'Toyota', 'Modell': 'Corolla', 'Baujahr': 2020}
```

```python
fahrzeug['Farbe'] = 'Rot'  # Farbe hinzufügen

fahrzeug['Kraftstoffart'] = 'Benzin'  # Kraftstoffart hinzufügen

del fahrzeug['Baujahr']  # Baujahr entfernen

print(fahrzeug)  # Wörterbuch ausgeben
```

Lösung zu Übung 4: Datenstrukturen kombinieren

```python
# Wörterbuch mit Listen als Werte erstellen

fruechte = {'Tropisch': ['Mango', 'Ananas'], 'Lokal': ['Apfel', 'Birne']}

fruechte['Tropisch'].append('Banane')  # Element zur Liste 'Tropisch' hinzufügen

fruechte['Lokal'].append('Kirsche')  # Element zur Liste 'Lokal' hinzufügen

print(fruechte['Tropisch'])  # Tropische Früchte ausgeben
```

Lösung zu Übung 5: String-Manipulationen

```python
# String erstellen

satz = "Heute ist ein schöner Tag"

satz_upper = satz.upper()  # In Großbuchstaben umwandeln

worte = satz.split()  # In Worte teilen

worte[-1] = 'Abend'  # Letztes Wort ersetzen

neuer_satz = ' '.join(worte)  # Wörter wieder zu einem Satz zusammenfügen

print(neuer_satz)  # Ausgabe des neuen Satzes
```

Diese Lösungen illustrieren, wie man grundlegende Operationen mit verschiedenen Datentypen in Python durchführt. Durch das Lösen dieser Übungen und das Experimentieren mit den Codes können Sie Ihre Fähigkeiten weiter verbessern und vertiefen.

Kapitel 4: Kontrollstrukturen

4.1 Einführung in Kontrollstrukturen

Kontrollstrukturen sind grundlegende Bausteine in der Programmierung, die den Fluss der Programmausführung steuern. Sie ermöglichen es einem Programm, auf Basis von Bedingungen Entscheidungen zu treffen, Aktionen wiederholt auszuführen und den Codefluss dynamisch zu verwalten, basierend auf variierenden Bedingungen und Szenarien. In Python gibt es mehrere Arten von Kontrollstrukturen, die in zwei Hauptkategorien unterteilt werden können: bedingte Anweisungen und Schleifen.

Grundlagen der Kontrollstrukturen:

- **Bedingte Anweisungen:** Erlauben die Ausführung von bestimmten Codeblöcken, abhängig davon, ob eine Bedingung wahr oder falsch ist.

- **Schleifen:** Ermöglichen die wiederholte Ausführung eines Codeblocks, solange eine vorgegebene Bedingung erfüllt ist.

Die Verwendung von Kontrollstrukturen verbessert die Flexibilität und Effizienz von Programmen erheblich, da sie komplexe Entscheidungen und wiederholte Aktionen ohne unnötige Wiederholung von Code ermöglichen. In den folgenden Abschnitten werden wir detailliert auf die verschiedenen Arten von Kontrollstrukturen eingehen, die in Python verwendet werden, und praktische Beispiele zur Veranschaulichung ihrer Anwendung geben.

4.2 Bedingte Anweisungen: if, elif, else

Bedingte Anweisungen sind ein fundamentaler Bestandteil der meisten Programmiersprachen, einschließlich Python. Sie ermöglichen es dem Programm, unterschiedliche Aktionen basierend auf spezifischen Bedingungen auszuführen. In Python werden bedingte Anweisungen durch die Schlüsselwörter **if**, **elif** (else if) und **else** repräsentiert.

Grundlegender Aufbau:

- **if-Anweisung:** Startet eine bedingte Anweisung, die ausgewertet wird. Wenn der Ausdruck wahr ist (**True**), wird der Codeblock unter der Anweisung ausgeführt.

  if bedingung:

     # Code wird ausgeführt, wenn bedingung wahr ist

- **elif-Anweisung:** Steht für "else if" und ermöglicht die Überprüfung einer weiteren Bedingung, falls die vorherige Bedingung falsch war (**False**).

  elif eine_andere_bedingung:

     # Code wird ausgeführt, wenn eine_andere_bedingung wahr ist

- **else-Anweisung:** Fängt alle Fälle ab, die nicht durch vorherige **if** oder **elif** Anweisungen abgedeckt sind.

```
else:
    # Code wird ausgeführt, wenn keine der vorherigen Bedingungen wahr ist
```

Beispiel zur Verwendung:

```
alter = 20

if alter < 18:
    print("Du bist minderjährig.")
elif alter == 18:
    print("Herzlichen Glückwunsch zum 18. Geburtstag!")
else:
    print("Du bist volljährig.")
```

In diesem Beispiel wird das Alter einer Person überprüft. Das Programm gibt unterschiedliche Nachrichten aus, basierend darauf, ob die Person jünger als 18, genau 18 oder älter ist.

Wichtige Punkte:

- Bedingte Anweisungen können ineinander geschachtelt werden, um komplexe Logik zu implementieren.

- Python bewertet die Bedingungen in der Reihenfolge, wie sie im Code erscheinen. Sobald eine Bedingung wahr ist, werden die nachfolgenden Bedingungen nicht mehr geprüft.

- Die Einrückung ist entscheidend, da sie den Umfang des Codeblocks definiert, der zu jeder Bedingung gehört.

Bedingte Anweisungen sind ein mächtiges Werkzeug, um die Entscheidungslogik in Programmen zu implementieren. Sie helfen, Programme flexibel und dynamisch zu gestalten, sodass auf unterschiedliche Eingaben oder Umstände reagiert werden kann.

4.3 Schleifen: for

Die **for**-Schleife in Python ist ein leistungsstarkes Werkzeug, das es ermöglicht, eine Gruppe von Anweisungen mehrmals zu wiederholen. Diese Art von Schleife wird häufig verwendet, um über die Elemente einer Sequenz (wie eine Liste, ein Tupel oder eine Zeichenkette) zu iterieren.

Grundstruktur einer for-Schleife:

- Die **for**-Schleife beginnt mit dem Schlüsselwort **for**, gefolgt von einer Variablen, die jedes Element in der Sequenz repräsentiert. Danach folgt das Schlüsselwort **in**, das die Sequenz spezifiziert, über die iteriert wird. Der Codeblock innerhalb der Schleife wird für jedes Element in der Sequenz einmal ausgeführt.

Beispiel:

```
for element in [1, 2, 3, 4, 5]:
```

```
print(element)
```

In diesem Beispiel wird für jedes Element in der Liste **[1, 2, 3, 4, 5]** der **print()**-Befehl ausgeführt, der das aktuelle Element ausgibt.

Verwendung von for-Schleifen:

- **Iteration über Listen:** Durchlaufen aller Elemente in einer Liste.

  ```
  farben = ['rot', 'grün', 'blau']

  for farbe in farben:

      print(farbe)
  ```

- **Iteration über Zeichenketten:** Zugriff auf jedes Zeichen in einer Zeichenkette.

  ```
  for zeichen in "Hallo":

      print(zeichen)
  ```

- **Iteration über Wörterbuchschlüssel:** Standardmäßig iteriert die for-Schleife über die Schlüssel eines Wörterbuchs.

  ```
  werte = {'a': 1, 'b': 2, 'c': 3}

  for key in werte:

      print(key)
  ```

Nützliche Funktionen mit for-Schleifen:

- **range():** Häufig wird die **range()**-Funktion mit for-Schleifen verwendet, um eine Schleife eine bestimmte Anzahl von Malen durchzuführen.

  ```
  for nummer in range(5):  # Wiederholt die Schleife 5 mal von 0 bis 4

      print(nummer)
  ```

- **enumerate():** Eine nützliche Funktion, um sowohl den Index als auch den Wert während der Iteration über eine Liste zu erhalten.

```
namen = ['Anna', 'Bernd', 'Carla']

for index, name in enumerate(namen):

    print(f"Index {index}: {name}")
```

Die **for**-Schleife ist ein essentielles Konstrukt in Python, das nicht nur für einfache Wiederholungen, sondern auch für komplexe Iterationen und Datenmanipulationen verwendet wird. Sie macht den Code sauberer, effizienter und oft einfacher zu verstehen.

4.4 Schleifen: while

Die **while**-Schleife in Python ermöglicht die Wiederholung eines Codeblocks, solange eine bestimmte Bedingung wahr ist. Sie ist besonders nützlich, wenn die Anzahl der Wiederholungen nicht im Voraus bekannt ist, im Gegensatz zur **for**-Schleife, die über eine feste Sequenz oder eine festgelegte Anzahl von Iterationen läuft.

Grundstruktur einer while-Schleife:

- Die Schleife beginnt mit dem Schlüsselwort **while**, gefolgt von einer Bedingung. Der Codeblock unter der **while**-Anweisung wird wiederholt, solange die Bedingung wahr (**True**) bleibt.

Beispiel:

```
zaehler = 0

while zaehler < 5:

    print(zaehler)

    zaehler += 1
```

In diesem Beispiel wird die **print()**-Funktion ausgeführt, solange der Wert von **zaehler** kleiner als 5 ist. Bei jedem Durchlauf der Schleife wird der Wert von **zaehler** um 1 erhöht, bis die Bedingung nicht mehr zutrifft und die Schleife beendet wird.

Einsatzmöglichkeiten der while-Schleife:

- **Warten auf eine Bedingung:** Die Schleife kann dazu verwendet werden, auf das Eintreten eines bestimmten Ereignisses zu warten.

```
eingabe = ""

while eingabe != "ok":

    eingabe = input("Schreiben Sie 'ok' zum Fortfahren: ")
```

- **Endlosschleifen:** Manchmal werden **while**-Schleifen eingesetzt, um eine fortlaufende Sequenz von Operationen zu erstellen, die nur unter bestimmten Umständen endet.

```
while True:

    eingabe = input("Geben Sie 'ende' ein, um zu stoppen: ")

    if eingabe == "ende":

        break
```

Kontrollelemente in while-Schleifen:

- **break:** Wird verwendet, um die Schleife vorzeitig zu beenden, unabhängig von der Bedingung.

- **continue:** Überspringt den Rest des Codeblocks in der Schleife und fährt mit dem nächsten Durchlauf fort.

Beispiel mit break und continue:

```python
zaehler = 0

while zaehler < 10:

    zaehler += 1

    if zaehler == 5:

        continue  # Überspringt den Rest der Schleife, wenn zaehler 5 ist

    if zaehler == 8:

        break  # Beendet die Schleife, wenn zaehler 8 erreicht

    print(zaehler)
```

In diesem Beispiel wird **zaehler** nicht gedruckt, wenn er gleich 5 ist, und die Schleife bricht ab, sobald **zaehler** gleich 8 ist.

Die **while**-Schleife ist ein mächtiges Instrument in Python, das Ihnen erlaubt, flexible und dynamische Iterationen basierend auf sich ändernden Bedingungen zu programmieren.

4.5 Erweiterte Nutzung von Schleifen: break und continue

In Python-Schleifen bieten die Schlüsselwörter **break** und **continue** zusätzliche Kontrolle über den Ablauf von Schleifen. Diese Anweisungen können verwendet werden, um die Ausführung von Schleifen unter bestimmten Bedingungen effizienter und flexibler zu gestalten.

Break-Anweisung:

Die **break**-Anweisung wird verwendet, um eine Schleife vorzeitig zu beenden. Das bedeutet, dass der Codeblock, der auf die **break**-Anweisung folgt, übersprungen wird und die Schleife sofort endet, unabhängig von der Bedingung der Schleife.

Beispiel für die Verwendung von **break**:

```python
for nummer in range(1, 10):

    if nummer == 5:

        break  # Beendet die Schleife, wenn nummer 5 erreicht ist

    print(nummer)
```

In diesem Beispiel wird die Schleife abgebrochen, sobald die Variable **nummer** den Wert 5 erreicht. Die Zahlen 1 bis 4 werden gedruckt, aber die Zahlen von 5 bis 9 werden nicht mehr ausgeführt.

Continue-Anweisung:

Die **continue**-Anweisung wird verwendet, um den aktuellen Durchlauf der Schleife zu überspringen und sofort mit dem nächsten Durchlauf fortzufahren. Das heißt, der Rest des Codeblocks innerhalb der Schleife wird für den aktuellen Durchlauf übersprungen.

Beispiel für die Verwendung von **continue**:

```
for nummer in range(1, 10):

    if nummer == 5:

        continue  # Überspringt den Rest der Schleife für nummer 5

    print(nummer)
```

In diesem Beispiel wird die Zahl 5 nicht gedruckt, da **continue** die Ausführung der Print-Anweisung für den Wert 5 überspringt. Die Schleife fährt jedoch mit den Zahlen 6 bis 9 fort.

Kombinierter Einsatz von break und continue:

Manchmal kann es nützlich sein, **break** und **continue** zusammen in einer Schleife zu verwenden, um komplexe Flusskontrollen zu implementieren.

```
while True:

    eingabe = input("Geben Sie etwas ein (oder 'ende' zum Beenden): ")

    if eingabe == 'ende':

        break  # Beendet die Schleife

    if eingabe == '':

        continue  # Überspringt den Rest der Schleife und fordert erneut eine Eingabe

    print("Sie haben eingegeben:", eingabe)
```

In diesem Beispiel ermöglicht die Schleife dem Benutzer, wiederholt Eingaben zu machen, bis das Wort 'ende' eingegeben wird. Leerzeichen überspringen die Ausgabe und fordern erneut eine Eingabe.

Die Verwendung von **break** und **continue** erhöht die Kontrolle über die Ausführung von Schleifen, indem sie ermöglicht, auf bestimmte Bedingungen dynamisch zu reagieren, was die Programmlogik klarer und oft effizienter macht.

4.6 Listenverständnisse

Listenverständnisse (List Comprehensions) sind eine elegante Methode in Python, um neue Listen zu erstellen, indem eine gegebene Sequenz oder ein iterierbares Objekt effizient modifiziert und gefiltert wird. Sie bieten eine klarere und oft schneller ausführbare Alternative zu traditionellen Schleifenmethoden.

Grundkonzept von Listenverständnissen: Listenverständnisse bestehen aus einer Ausdrucksklammer, die eine Ausdrucksformel, eine for-Schleife und optional weitere for- oder if-Anweisungen enthält. Die allgemeine Syntax sieht wie folgt aus:

```
[ausdruck for element in iterable if bedingung]
```

Beispiele für Listenverständnisse:

1. **Erstellen einer Liste von Quadratzahlen:**

```
quadrate = [x**2 for x in range(10)]

print(quadrate) # Ausgabe: [0, 1, 4, 9, 16, 25, 36, 49, 64, 81]
```

2. **Filtern einer Liste durch eine Bedingung:**

```
ungerade_zahlen = [x for x in range(20) if x % 2 == 1]

print(ungerade_zahlen) # Ausgabe: [1, 3, 5, 7, 9, 11, 13, 15, 17, 19]
```

3. **Anwenden einer komplexeren Bedingung:**

```
gefilterte_quadrate = [x**2 for x in range(30) if x**2 % 5 == 0]

print(gefilterte_quadrate) # Ausgabe: [0, 25, 100, 225, 400, 625]
```

4. **Verarbeitung von zwei Listen:**

```
a = [1, 2, 3]

b = [7, 8, 9]

produkt_liste = [x*y for x in a for y in b]

print(produkt_liste) # Ausgabe: [7, 8, 9, 14, 16, 18, 21, 24, 27]
```

Vorteile von Listenverständnissen:

- **Kompakter Code:** Reduziert den Codeumfang und verbessert die Lesbarkeit.

- **Effizienz:** Oft schneller als herkömmliche Schleifen, besonders bei umfangreicheren Datensätzen.

- **Flexibilität:** Ermöglicht komplexe Iterationen und Bedingungen in einer einzigen Zeile.

Listenverständnisse sind ein mächtiges Werkzeug in Python, das nicht nur für die Erstellung und Manipulation von Listen nützlich ist, sondern auch die Klarheit und Effizienz des Codes erheblich verbessern kann.

4.7 Praktische Übungen

Um das Verständnis der Konzepte aus Kapitel 4 zu vertiefen, folgen nun einige praktische Übungen, die die verschiedenen Kontrollstrukturen und Techniken wie Schleifen, bedingte Anweisungen und Listenverständnisse umfassen. Diese Übungen sollen Ihnen helfen, die Theorie in praktische, anwendbare Code-Beispiele umzusetzen.

Übung 1: Gerade Zahlen finden

- Schreiben Sie ein Programm, das alle geraden Zahlen von 1 bis 20 mit einer for-Schleife ausgibt.

Übung 2: Zahlenraten

- Erstellen Sie ein kleines Spiel, bei dem der Benutzer eine Zahl zwischen 1 und 10 erraten muss. Verwenden Sie eine **while**-Schleife, die so lange läuft, bis die richtige Zahl geraten wird. Nutzen Sie **break**, um die Schleife zu beenden, wenn die Zahl richtig geraten wurde.

Übung 3: Filtern von Listen

- Gegeben sei eine Liste von Zahlen. Verwenden Sie eine Listenverständnis, um eine neue Liste zu erstellen, die nur die Zahlen enthält, die größer als 10 sind. Beispiel-Liste: **[1, 11, 14, 5, 8, 9]**

Übung 4: Verschachtelte Schleifen

- Schreiben Sie ein Programm, das das folgende Muster mit verschachtelten for-Schleifen druckt:

  1

  22

  333

  4444

Übung 5: Kontinuierliche Eingabe

- Verwenden Sie eine **while**-Schleife, um vom Benutzer kontinuierlich Daten zu erhalten, bis er "exit" eingibt. Für jede Eingabe, die nicht "exit" ist, soll das Programm "Danke für Ihre Eingabe!" ausgeben. Nutzen Sie die **continue**-Anweisung, um die Iteration sofort zu wiederholen, wenn die Eingabe leer ist.

4.8 Lösungen zu den praktischen Übungen

Hier sind die Lösungen zu den Übungen aus Kapitel 4, die Ihnen helfen sollen, Ihr Verständnis für Kontrollstrukturen zu festigen und Ihre Fähigkeiten in der praktischen Anwendung von Python zu verbessern.

Lösung zu Übung 1: Gerade Zahlen finden

```python
# Ausgabe aller geraden Zahlen von 1 bis 20

for nummer in range(1, 21):

    if nummer % 2 == 0:

        print(nummer)
```

Lösung zu Übung 2: Zahlenraten

```python
import random

zielzahl = random.randint(1, 10)

while True:

    eingabe = int(input("Raten Sie eine Zahl zwischen 1 und 10: "))

    if eingabe == zielzahl:

        print("Richtig geraten!")

        break

    else:

        print("Falsch, versuchen Sie es noch einmal!")
```

Lösung zu Übung 3: Filtern von Listen

```python
zahlen = [1, 11, 14, 5, 8, 9]

gefilterte_zahlen = [x for x in zahlen if x > 10]

print(gefilterte_zahlen)
```

Lösung zu Übung 4: Verschachtelte Schleifen

```python
# Drucken eines Musters mit verschachtelten Schleifen

for i in range(1, 5):

    print(str(i) * i)
```

Lösung zu Übung 5: Kontinuierliche Eingabe

```python
while True:

    eingabe = input("Geben Sie etwas ein (oder 'exit' zum Beenden): ")

    if eingabe == "exit":

        break

    if eingabe == "":

        continue

    print("Danke für Ihre Eingabe!")
```

Diese Lösungen zeigen, wie verschiedene Kontrollstrukturen in Python verwendet werden können, um spezifische Aufgaben zu lösen, die von einfachen Iterationen bis hin zu komplexen bedingten Logiken und Benutzerinteraktionen reichen. Nutzen Sie diese Beispiele als Grundlage, um Ihre eigenen Problemlösungen zu entwickeln und weiter zu experimentieren.

Kapitel 5: Funktionen

5.1 Einführung in Funktionen

Funktionen sind ein zentrales Konzept in der Programmierung, das in fast allen modernen Programmiersprachen zu finden ist. In Python bieten Funktionen eine praktische Möglichkeit, Code zu organisieren, wiederzuverwenden und zu modularisieren. Sie ermöglichen es, bestimmte Aufgaben in einem Programm zu isolieren und können beliebig oft aufgerufen werden, was die Lesbarkeit und Wartbarkeit des Codes verbessert.

Was ist eine Funktion?

- Eine Funktion ist eine benannte Sequenz von Anweisungen, die eine spezifische Aufgabe ausführt. Sobald eine Funktion definiert ist, kann sie durch Aufrufen ihres Namens in einem Programm wiederholt verwendet werden.

- Funktionen können Daten in Form von Parametern entgegennehmen und Ergebnisse zurückgeben.

Vorteile von Funktionen:

1. **Wiederverwendbarkeit:** Einmal definierte Funktionen können in verschiedenen Teilen eines Programms oder sogar in verschiedenen Programmen verwendet werden, ohne dass der Code dupliziert werden muss.

2. **Modularität:** Funktionen erlauben es, komplexe Programme in kleinere, handhabbare und isolierte Einheiten zu unterteilen.

3. **Einfache Wartung:** Änderungen an der Funktionsweise eines Programms können oft durch Änderungen in einer einzigen Funktion durchgeführt werden, statt den Code über viele Stellen hinweg zu ändern.

4. **Abstraktion:** Funktionen ermöglichen es, Details der Codeimplementierung zu verbergen und sich auf eine höhere Ebene der Problemstellung zu konzentrieren.

Durch das Definieren und Verwenden von Funktionen kann der Entwicklungsprozess effizienter gestaltet und die Fehleranfälligkeit verringert werden. Im weiteren Verlauf dieses Kapitels werden wir uns ansehen, wie man Funktionen in Python definiert, aufruft und praktisch einsetzt.

5.2 Definieren und Aufrufen von Funktionen

In Python, das Definieren und Aufrufen von Funktionen ist ein grundlegender Aspekt, der es ermöglicht, Codeblöcke zu organisieren, die eine spezifische Aufgabe ausführen. Dies trägt zur besseren Strukturierung des Codes und zur Wiederverwendung von Code bei.

Funktionen definieren:

Eine Funktion wird in Python mit dem Schlüsselwort **def** definiert, gefolgt vom Funktionsnamen und einem Paar runder Klammern, die Parameter enthalten können. Der Codeblock innerhalb der Funktion wird eingerückt.

Beispiel für eine einfache Funktion:

```
def gruessen():
    print("Hallo Welt!")
```

In diesem Beispiel definiert die Funktion **gruessen** eine Aktion, die darin besteht, den Text "Hallo Welt!" auszugeben.

Parameter in Funktionen:

Parameter sind Variablen, die in der Funktionsdefinition angegeben werden und beim Aufruf der Funktion mit spezifischen Werten belegt werden. Diese Werte werden als Argumente bezeichnet.

Beispiel für eine Funktion mit Parametern:

```
def drucke_begrussung(name):
    print(f"Hallo {name}!")
```

Diese Funktion **drucke_begrussung** nimmt einen Parameter **name** entgegen und verwendet diesen, um eine personalisierte Begrüßung auszudrucken.

Funktionen aufrufen:

Das Aufrufen einer Funktion geschieht durch Eingabe des Funktionsnamens gefolgt von runden Klammern. Wenn die Funktion Parameter erwartet, werden die entsprechenden Argumente innerhalb der Klammern übergeben.

Beispiel für das Aufrufen der oben definierten Funktionen:

```
gruessen()  # Ruft die Funktion gruessen auf und druckt "Hallo Welt!"
drucke_begrussung("Anna")  # Gibt "Hallo Anna!" aus
```

Zusammenfassung:

Das Definieren und Aufrufen von Funktionen ermöglicht es Ihnen, Ihren Code effizienter zu gestalten und wiederzuverwenden. Funktionen können so einfach oder so komplex sein, wie es nötig ist, und sie können dazu beitragen, Probleme in überschaubare Teile zu zerlegen, was besonders in größeren Programmen hilfreich ist. Durch die Verwendung von Parametern können Funktionen flexibel auf unterschiedliche Daten reagieren, und durch den Funktionsaufruf wird der in der Funktion definierte Code ausgeführt.

5.3 Parameter und Argumente

In der Programmierung sind Parameter und Argumente zentrale Konzepte, die eng mit der Definition und dem Aufruf von Funktionen verbunden sind. Sie ermöglichen es, Funktionen flexibel und wiederverwendbar zu gestalten, indem sie variierende Daten bei jedem Funktionsaufruf verarbeiten können.

Parameter:

- Parameter sind die Variablen, die in der Definition einer Funktion aufgeführt werden. Sie agieren als Platzhalter für die Werte, die die Funktion beim Aufruf erhält.

- Eine Funktion kann mehrere Parameter haben, die durch Kommas getrennt sind, und diese werden in der Reihenfolge verwendet, in der sie definiert wurden.

Beispiel für eine Funktionsdefinition mit Parametern:

```
def addiere(zahl1, zahl2):
    ergebnis = zahl1 + zahl2
    return ergebnis
```

In diesem Beispiel sind **zahl1** und **zahl2** Parameter der Funktion **addiere**.

Argumente:

- Argumente sind die tatsächlichen Werte, die einer Funktion übergeben werden, wenn sie aufgerufen wird. Diese Werte ersetzen die entsprechenden Parameter der Funktion.

- Die Begriffe "Parameter" und "Argument" werden oft synonym verwendet, aber technisch gesehen sind Parameter die in der Funktionsdefinition angegebenen Variablen, während Argumente die Werte sind, die beim Funktionsaufruf übergeben werden.

Beispiel für das Übergeben von Argumenten:

```
resultat = addiere(10, 5)  # 10 und 5 sind die Argumente
print(resultat)  # Gibt 15 aus
```

Hier werden die Zahlen 10 und 5 als Argumente an die Funktion **addiere** übergeben.

Arten von Argumenten:

- **Positionelle Argumente:** Diese müssen in der Reihenfolge, wie die Parameter definiert wurden, übergeben werden.

- **Schlüsselwortargumente (Keyword Arguments):** Beim Aufruf der Funktion können Argumente in beliebiger Reihenfolge übergeben werden, wenn dabei der Name des Parameters spezifiziert wird.

Beispiel für Schlüsselwortargumente:

```
resultat = addiere(zahl2=5, zahl1=10)  # Die Reihenfolge der Argumente ist vertauscht

print(resultat)  # Gibt ebenfalls 15 aus
```

Default-Werte für Parameter:

- Funktionen können auch Default-Werte für Parameter haben, die verwendet werden, wenn beim Aufruf kein entsprechendes Argument übergeben wird.

Beispiel für Default-Werte:

```
def addiere(zahl1, zahl2=0):

    return zahl1 + zahl2



print(addiere(10))  # Gibt 10 aus, weil der Default-Wert für zahl2 verwendet wird
```

Die Verwendung von Parametern und Argumenten erhöht die Flexibilität von Funktionen erheblich, ermöglicht die Wiederverwendung von Code und hilft dabei, die Funktionalität von Programmen modular und übersichtlich zu gestalten.

5.4 Rückgabewerte

In der Programmierung ist der Rückgabewert das Ergebnis, das eine Funktion nach ihrer Ausführung liefert. In Python wird dies mit dem Schlüsselwort **return** realisiert. Ein Rückgabewert ermöglicht es, das Ergebnis einer Funktion an den Code zu übergeben, der sie aufgerufen hat, und ist ein zentraler Mechanismus für die Datenübergabe zwischen Funktionen.

Grundlagen zu Rückgabewerten:

- **Return-Anweisung:** Eine Funktion kann das Ergebnis ihrer Verarbeitung mit der **return**-Anweisung zurückgeben. Sobald Python auf eine **return**-Anweisung trifft, beendet es die Funktion und gibt den Wert, der der **return**-Anweisung folgt, an den Aufrufer zurück.

Beispiel einer Funktion mit Rückgabewert:

```
def addiere(zahl1, zahl2):

    ergebnis = zahl1 + zahl2

    return ergebnis
```

In diesem Beispiel berechnet die Funktion **addiere** die Summe von **zahl1** und **zahl2** und gibt sie zurück.

Verwendung von Rückgabewerten:

- Rückgabewerte können verwendet werden, um Informationen aus einer Funktion zu extrahieren und in anderen Teilen des Programms zu nutzen. Zum Beispiel:

```
summe = addiere(5, 3)

print(summe)  # Druckt 8
```

Mehrere Rückgabewerte:

- Python ermöglicht es auch, mehrere Werte gleichzeitig aus einer Funktion zurückzugeben, indem diese in einem Tupel, einer Liste oder einem anderen Container-Datentyp verpackt werden.

Beispiel für eine Funktion, die mehrere Werte zurückgibt:

```
def statistik(zahlen):

    summe = sum(zahlen)

    durchschnitt = summe / len(zahlen)

    return summe, durchschnitt  # Gibt ein Tupel zurück
```

Hier gibt die Funktion **statistik** sowohl die Summe als auch den Durchschnitt der Liste **zahlen** zurück.

Rückgabe ohne Wert:

- Wenn in einer Funktion keine **return**-Anweisung steht oder die **return**-Anweisung keinen Wert hat, gibt die Funktion **None** zurück, was in Python einem "leeren" Rückgabewert entspricht.

```
def drucke_begrussung(name):

    print(f"Hallo, {name}!")

    return  # Implizit wird None zurückgegeben
```

```
resultat = drucke_begrussung("Anna")

print(resultat)  # Druckt 'None'
```

Die Möglichkeit, Werte zurückzugeben, macht Funktionen in Python und anderen Programmiersprachen extrem leistungsfähig und vielseitig, da sie nicht nur Aktionen ausführen, sondern auch Daten verarbeiten und weitergeben können.

5.5 Gültigkeitsbereiche von Variablen

In der Programmierung bezieht sich der Gültigkeitsbereich (Scope) einer Variablen darauf, wo im Code diese Variable sichtbar und zugänglich ist. In Python gibt es hauptsächlich drei Arten von Gültigkeitsbereichen: lokal, global und nicht-lokal.

Lokaler Gültigkeitsbereich:

- Lokale Variablen werden innerhalb einer Funktion definiert und können nur innerhalb dieser Funktion aufgerufen und manipuliert werden. Sobald die Ausführung der Funktion endet, werden lokale Variablen gelöscht.

Beispiel für eine lokale Variable:

```python
def meine_funktion():
    lokal_var = 10
    print(lokal_var)  # Funktioniert innerhalb dieser Funktion


meine_funktion()
print(lokal_var)  # Fehler! lokal_var ist außerhalb der Funktion nicht definiert
```

Globaler Gültigkeitsbereich:

- Globale Variablen werden außerhalb aller Funktionen definiert und können von jeder Funktion im selben Programm aufgerufen werden. Um eine globale Variable innerhalb einer Funktion zu verändern, muss sie mit dem Schlüsselwort **global** deklariert werden.

Beispiel für eine globale Variable:

```python
global_var = 5


def zugriff_auf_global():
    global global_var
    global_var += 1  # Ändert den Wert der globalen Variable


zugriff_auf_global()
print(global_var)  # Gibt 6 aus
```

Nicht-lokaler Gültigkeitsbereich:

- Nicht-lokale Variablen kommen zum Einsatz, wenn es um verschachtelte Funktionen geht. Mit dem Schlüsselwort **nonlocal** kann eine innere Funktion eine Variable aus der ihr übergeordneten Funktion ändern.

Beispiel für eine nicht-lokale Variable:

```python
def aeußere_funktion():
    nicht_lokal_var = 7

    def innere_funktion():
        nonlocal nicht_lokal_var
        nicht_lokal_var += 3

    innere_funktion()
    print(nicht_lokal_var)  # Gibt 10 aus

aeußere_funktion()
```

Zusammenfassung: Die Unterscheidung zwischen lokalen, globalen und nicht-lokalen Gültigkeitsbereichen ist entscheidend für das Verständnis, wie und wo Variablen in Python verwendet und modifiziert werden können. Korrektes Management von Variablen-Gültigkeitsbereichen hilft, Fehler zu vermeiden und macht den Code sicherer und leichter verständlich.

5.6 Lambda-Funktionen

Lambda-Funktionen in Python, auch bekannt als anonyme Funktionen, sind kleine einzeilige Funktionen, die ohne einen herkömmlichen Funktionsnamen definiert werden. Sie sind besonders nützlich für einfache Operationen, die eine Funktion als Argument erfordern, wie bei den Funktionen **map()**, **filter()**, und **reduce()**.

Grundlagen der Lambda-Funktionen:

- Eine Lambda-Funktion in Python wird mit dem Schlüsselwort **lambda** eingeleitet, gefolgt von einer Liste von Parametern, einem Doppelpunkt und dem Ausdruck, der ausgewertet und zurückgegeben wird.

- Lambda-Funktionen sind syntaktisch restriktiv, d.h., sie können nur einen einzigen Ausdruck enthalten.

Beispiel einer Lambda-Funktion:

```python
addiere = lambda x, y: x + y

print(addiere(5, 3))  # Gibt 8 aus
```

Hier wird eine einfache Lambda-Funktion definiert, die zwei Zahlen addiert und das Ergebnis zurückgibt.

Verwendung von Lambda-Funktionen:

- **Mit map():** Verwandelt die Elemente einer Liste basierend auf der Lambda-Funktion.

  zahlen = [1, 2, 3, 4]

  quadriert = list(map(lambda x: x**2, zahlen))

  print(quadriert) # Gibt [1, 4, 9, 16] aus

- **Mit filter():** Filtert Elemente einer Liste, die einer Bedingung entsprechen.

  zahlen = [1, 2, 3, 4, 5, 6]

  gerade_zahlen = list(filter(lambda x: x % 2 == 0, zahlen))

  print(gerade_zahlen) # Gibt [2, 4, 6] aus

- **Mit reduce():** Führt eine kumulative Operation auf Elementen einer Liste aus.

  from functools import reduce

  zahlen = [1, 2, 3, 4]

  summe = reduce(lambda x, y: x + y, zahlen)

  print(summe) # Gibt 10 aus

Vorteile von Lambda-Funktionen:

- **Kompaktheit:** Lambda-Funktionen ermöglichen es, Funktionen in einer sehr kompakten Form zu schreiben, was den Code oft klarer und lesbarer macht, besonders bei einfachen Ausdrücken.

- **Flexibilität:** Sie können leicht als Argumente an höhere Funktionen übergeben werden und sind ideal für einfache Funktionalitäten, die keine vollständige Funktionsdefinition rechtfertigen.

Lambda-Funktionen sind ein mächtiges Werkzeug in Python und ermöglichen es, den Code effizient und elegant zu gestalten, indem sie die Notwendigkeit umfangreicher Funktionsdefinitionen für kurze, einmalige Operationen eliminieren.

5.7 Praktische Übungen

Hier sind einige Übungen, die Ihnen helfen sollen, das Wissen über Funktionen, das Sie in diesem Kapitel gesammelt haben, zu festigen und praktisch anzuwenden. Diese Übungen decken das Definieren und Aufrufen von Funktionen, den Umgang mit Parametern und Rückgabewerten sowie die Verwendung von Lambda-Funktionen ab.

Übung 1: Einfache Funktion erstellen

- Schreiben Sie eine Funktion namens **multipliziere**, die zwei Zahlen als Parameter entgegennimmt und ihr Produkt zurückgibt.

Übung 2: Temperaturumrechner

- Erstellen Sie eine Funktion **celsius_zu_fahrenheit**, die eine Temperatur in Celsius entgegennimmt und die entsprechende Temperatur in Fahrenheit zurückgibt. Die Formel zur Umrechnung ist: $F = C \times 1.8 + 32$ $F = C \times 1.8 + 32$.

Übung 3: Listen filtern

- Verwenden Sie eine Lambda-Funktion zusammen mit **filter()**, um alle ungeraden Zahlen aus einer Liste zu filtern. Testen Sie Ihre Funktion mit der Liste **[1, 2, 3, 4, 5, 6, 7, 8, 9]**.

Übung 4: Informationen extrahieren

- Definieren Sie eine Funktion **max_wert**, die eine Liste von Zahlen annimmt und den größten Wert zurückgibt. Verwenden Sie keine eingebaute Funktion wie **max()** für die Implementierung.

Übung 5: Mehrere Rückgabewerte

- Schreiben Sie eine Funktion **statistiken**, die eine Liste von Zahlen nimmt und zwei Werte zurückgibt: den Durchschnitt und die Summe der Liste.

5.8 Lösungen zu den praktischen Übungen

Lösung zu Übung 1:

```python
def multipliziere(x, y):

    return x * y
```

Lösung zu Übung 2:

```python
def celsius_zu_fahrenheit(celsius):

    return celsius * 1.8 + 32
```

Lösung zu Übung 3:

```python
zahlen = [1, 2, 3, 4, 5, 6, 7, 8, 9]

ungerade = list(filter(lambda x: x % 2 != 0, zahlen))

print(ungerade)
```

Lösung zu Übung 4:

```python
def max_wert(zahlen):

    maximum = zahlen[0]

    for zahl in zahlen:

        if zahl > maximum:

            maximum = zahl

    return maximum
```

Lösung zu Übung 5:

```python
def statistiken(zahlen):

    summe = sum(zahlen)

    durchschnitt = summe / len(zahlen)

    return durchschnitt, summe
```

Diese Übungen sollen dazu beitragen, Ihr Verständnis von Funktionen in Python zu vertiefen und Ihnen praktische Erfahrungen in ihrer Anwendung zu bieten. Nutzen Sie diese Beispiele, um Ihre Fähigkeiten in der Programmierung mit Python zu verbessern.

Kapitel 6: Module und Bibliotheken

6.1 Einführung in Module

In Python sind Module eigenständige Skriptdateien, die Funktionen, Variablen und Klassen enthalten, die in anderen Python-Programmen wiederverwendet werden können. Ein Modul kann als eine Bibliothek von Code betrachtet werden, die dazu dient, bestimmte Funktionalitäten zusammenzufassen und sie über verschiedene Projekte hinweg verfügbar zu machen.

Was ist ein Modul?

- Ein Python-Modul ist einfach eine Datei mit der Erweiterung **.py**, die Anweisungen, Funktionen, Klassen oder Variablen enthält.

- Module ermöglichen eine logische Organisation von Python-Code und fördern die Wiederverwendung und die Trennung von Code in verwaltbare Abschnitte.

Vorteile von Modulen:

1. **Wiederverwendbarkeit:** Funktionen oder Klassen, die in einem Modul definiert sind, können in verschiedenen Programmen wiederverwendet werden, ohne dass sie neu geschrieben werden müssen.

2. **Namensräume:** Jedes Modul in Python hat seinen eigenen globalen Namensraum, was bedeutet, dass Variablen, Funktionen und Klassen innerhalb eines Moduls nicht mit denen in anderen Modulen kollidieren, es sei denn, sie werden explizit importiert.

3. **Wartbarkeit:** Module helfen, den Code sauber und gut organisiert zu halten. Änderungen an einem Modul sind lokalisiert und beeinflussen nicht direkt andere Teile des Programms.

Beispiel: Stellen Sie sich ein Modul namens **math_tools.py** vor, das mathematische Hilfsfunktionen enthält:

```python
# math_tools.py
def add(a, b):
    return a + b


def subtract(a, b):
    return a - b
```

Dieses Modul könnte in anderen Python-Programmen verwendet werden, um grundlegende mathematische Operationen durchzuführen, indem man es importiert und die darin definierten Funktionen aufruft.

Im weiteren Verlauf dieses Kapitels werden wir untersuchen, wie Module importiert werden, welche Standardbibliotheken Python bietet, wie externe Bibliotheken mit pip installiert werden können, wie man eigene Module erstellt und welche nützlichen externen Bibliotheken es gibt.

6.2 Importieren von Modulen

Das Importieren von Modulen ist ein wesentlicher Bestandteil der Arbeit mit Python, da es Ihnen ermöglicht, auf Code zuzugreifen, der in anderen Dateien oder Bibliotheken definiert ist. Durch das Importieren eines Moduls kann dessen Funktionalität in einem anderen Skript oder einer interaktiven Python-Instanz genutzt werden.

Grundlagen des Modulimports:

- **Import-Anweisung:** Um ein Modul zu verwenden, müssen Sie es mit der **import**-Anweisung in Ihr Python-Skript einbinden.

Beispiel:

import math

Durch diesen Befehl werden alle Funktionen und Variablen des **math**-Moduls verfügbar, die dann mit **math.** gefolgt vom Funktionsnamen aufgerufen werden können.

Importieren spezifischer Funktionen:

- Statt ein ganzes Modul zu importieren, können Sie auch spezifische Funktionen oder Klassen daraus importieren. Dies wird oft getan, um den Code übersichtlicher zu gestalten und den Import auf das Notwendige zu beschränken.

Beispiel:

from math import sqrt

Hier wird nur die Funktion **sqrt** aus dem Modul **math** importiert, die dann direkt ohne den Modulnamen verwendet werden kann.

Alias verwenden:

- Manchmal ist es nützlich, beim Importieren eines Moduls einen Alias zu verwenden. Dies kann den Code lesbarer machen, besonders wenn der Modulname lang ist, oder wenn Konventionen dies vorschreiben.

Beispiel:

import numpy as np

numpy ist eine beliebte Bibliothek für numerische Berechnungen in Python. Durch das Verwenden des Aliases **np** wird der Zugriff auf die Funktionen vereinfacht und der Code bleibt konsistent mit den Konventionen, die in vielen Dokumentationen und Tutorials verwendet werden.

Modulimporte verstehen:

- Beim Importieren eines Moduls führt Python den Code im Modul aus. Wenn das Modul bereits importiert wurde, wird es nicht erneut geladen, es sei denn, es wird explizit neu geladen. Dies hilft, die Ausführungszeit zu optimieren und Mehrfachimporte zu vermeiden.

Praktische Tipps:

- Achten Sie darauf, nur die notwendigen Teile eines Moduls zu importieren, um den Speicherverbrauch zu optimieren und potenzielle Namenskonflikte zu vermeiden.

- Verwenden Sie aussagekräftige Aliase, um die Lesbarkeit und Wartbarkeit Ihres Codes zu verbessern.

Das Importieren von Modulen in Python bietet eine flexible Möglichkeit, wiederverwendbare Codeblöcke und Bibliotheken effizient in Ihren Projekten zu nutzen, was essentiell für eine effiziente und strukturierte Programmierung ist.

6.3 Standardbibliotheken von Python

Python kommt mit einer umfangreichen Standardbibliothek, die häufig als eines der stärksten Merkmale der Sprache bezeichnet wird. Diese Bibliotheken erweitern die Kernfunktionalität von Python und bieten Module und Pakete, die eine breite Palette von Anwendungen unterstützen, von Dateioperationen über Systemaufrufe bis hin zu Internetprotokollen.

Einige wichtige Module der Standardbibliothek:

1. **os und sys:**

   - Das **os**-Modul bietet zahlreiche Funktionen zur Interaktion mit dem Betriebssystem, wie das Erstellen und Löschen von Verzeichnissen oder das Auslesen von Umgebungsvariablen.

   - Das **sys**-Modul ermöglicht Zugriff auf einige Variablen, die vom Python-Interpreter verwendet werden, und Funktionen, die eng mit dem Interpreter interagieren.

2. **datetime:**

   - Das **datetime**-Modul ermöglicht die Handhabung von Datum und Uhrzeit. Es unterstützt die Erstellung, Manipulation und Formatierung von Datums- und Zeitobjekten.

3. **math und random:**

   - Das **math**-Modul bietet Zugang zu mathematischen Funktionen wie Trigonometrie, Logarithmus, Exponentialfunktionen und mehr.

   - Das **random**-Modul wird verwendet, um Pseudo-Zufallszahlen für verschiedene Verteilungen zu generieren, darunter gleichmäßige, exponentielle, und Gaußsche Verteilungen.

4. **json, pickle:**

   - Das **json**-Modul ermöglicht das Parsen von JSON-Daten und das Konvertieren von Python-Datenstrukturen zu JSON.

   - **pickle** wird zur Serialisierung und Deserialisierung von Python-Objektstrukturen verwendet, um sie als Datei zu speichern oder über ein Netzwerk zu übertragen.

5. **http und urllib:**

   - Das **http**-Modul stellt Klassen und Funktionen bereit, um HTTP-Anfragen zu verarbeiten.

   - Das **urllib**-Modul wird verwendet, um URLs zu öffnen, zu lesen und zu parsen.

6. **unittest:**

   - Das **unittest**-Modul ist Pythons standardmäßiges Testframework, das eine Möglichkeit bietet, Unit-Tests für den Code zu schreiben und auszuführen.

Nutzung der Standardbibliothek: Die Module der Standardbibliothek werden genauso importiert wie andere Module in Python. Zum Beispiel:

```
import json data = json.loads('{"name": "John", "age": 30}')
```

Durch die Nutzung der Standardbibliothek können Sie viele alltägliche Programmieraufgaben effizient lösen, ohne zusätzliche Pakete installieren zu müssen. Diese Bibliotheken sind umfassend getestet und optimiert und bieten eine solide Basis für jede Art von Python-Anwendung.

6.4 Externe Bibliotheken und pip

Python ist bekannt für seine umfangreiche Standardbibliothek, aber manchmal benötigt man spezialisiertere Funktionen oder schnellere Implementierungen, die durch externe Bibliotheken bereitgestellt werden. Diese Bibliotheken werden von der Community entwickelt und können leicht in eigene Projekte integriert werden. Die Installation und Verwaltung dieser Pakete erfolgt häufig über das Tool **pip**, den Standardpaketmanager für Python.

Was ist pip?

- **pip** steht für "Pip Installs Packages" und ist das bevorzugte Werkzeug, um Softwarepakete aus dem Python Package Index (PyPI) zu installieren und zu verwalten. PyPI ist ein Repository von Software für die Python-Programmiersprache.

Installation von pip:

- Bei neueren Python-Installationen (Python 2.7.9+ und Python 3.4+) ist pip bereits installiert. Wenn pip noch nicht installiert ist, kann es einfach über die Python-Installation oder durch Herunterladen des Skripts von der pip-Website installiert werden.

Verwendung von pip:

Um ein Paket zu installieren, verwenden Sie den Befehl:

(bash)

```
pip install paketname
```

Zum Beispiel:

(bash)

```
pip install numpy
```

installiert das beliebte Paket NumPy, das umfangreiche Unterstützung für große Arrays und Matrizen, zusammen mit einer großen Sammlung von mathematischen Funktionen, bietet.

Aktualisieren und Entfernen von Paketen:

Um ein Paket mit pip zu aktualisieren, können Sie:

(bash)

```bash
pip install --upgrade paketname
```

Um ein Paket zu entfernen:

(bash)

```bash
pip uninstall paketname
```

Liste installierter Pakete:

Um zu sehen, welche Pakete installiert sind:

(bash)

```bash
pip list
```

Beispiele externer Bibliotheken:

1. **NumPy:** nterstützt umfangreich große, mehrdimensionale Arrays und Matrizen und bietet eine breite Palette an mathematischen Funktionen.

2. **Pandas:** Bietet Datenstrukturen und Datenanalysewerkzeuge, ideal für die Arbeit mit strukturierten Daten.

3. **Matplotlib:** Eine Bibliothek für die Erstellung von statischen, interaktiven und animierten Visualisierungen in Python.

4. **SciPy:** Baut auf NumPy auf und ermöglicht zusätzliche Funktionen für wissenschaftliche und technische Berechnungen.

5. **TensorFlow und PyTorch:** Beliebte Bibliotheken für maschinelles Lernen, die umfangreiche Werkzeuge und Modelle für tiefgehende Lernanwendungen bieten.

Die Nutzung dieser Tools und Bibliotheken erweitert die Funktionalität von Python erheblich, ermöglicht es, fortschrittliche Analysen und Datenverarbeitungen durchzuführen, und erleichtert das Arbeiten an komplexen Projekten in Forschung, Entwicklung und Produktion.

6.5 Eigene Module erstellen

Das Erstellen eigener Module ist ein wichtiger Schritt, um Python-Projekte effizient zu organisieren und den Code wiederverwendbar zu gestalten. Ein Modul in Python ist im Grunde eine Datei mit der Erweiterung **.py**, die Funktionen, Klassen und andere Definitionen enthält, die in anderen Python-Scripts wiederverwendet werden können.

Schritte zum Erstellen eines eigenen Moduls:

1. **Modul-Datei erstellen:**

   - Erstellen Sie eine neue Datei mit einem aussagekräftigen Namen und der Endung **.py**. Zum Beispiel **rechner.py**.

   - Diese Datei kann jede gültige Python-Code enthalten.

2. **Funktionen und Klassen definieren:**

- Schreiben Sie Funktionen und Klassen, die spezifische Aufgaben innerhalb des Moduls ausführen.

- Beispiel für eine einfache Funktion in einem Modul:

```python
# In rechner.py

def addiere(x, y):

    return x + y
```

3. **Modul verwenden:**

- Um das Modul in einem anderen Python-Skript zu verwenden, verwenden Sie das Schlüsselwort **import** gefolgt vom Modulnamen (ohne die Dateiendung **.py**).

- Beispiel:

```python
import rechner

ergebnis = rechner.addiere(5, 3)

print(ergebnis)  # Gibt 8 aus
```

4. **Erweiterte Modul-Features:**

- Sie können das Modul so gestalten, dass es sowohl als eigenständiges Skript als auch als importiertes Modul verwendet werden kann. Dies erreichen Sie durch die Verwendung von **if __name__ == "__main__":** am Ende Ihres Moduls.

- Beispiel:

```python
# In rechner.py

def addiere(x, y):

    return x + y


if __name__ == "__main__":

    # Dieser Code läuft nur, wenn das Modul direkt ausgeführt wird.

    ergebnis = addiere(5, 3)

    print(ergebnis)
```

5. **Pfade und Importe:**

- Python muss wissen, wo es Ihre Module finden kann. Standardmäßig sucht Python in den Verzeichnissen, die in **sys.path** aufgelistet sind. Um eigene Pfade hinzuzufügen, können Sie das Modul **sys** verwenden und Pfade zur **sys.path**-Liste hinzufügen.

Vorteile eigener Module:

- **Wiederverwendbarkeit:** Funktionen und Klassen, die häufig verwendet werden, müssen nicht in jedem neuen Projekt neu geschrieben werden.

- **Ordnung und Struktur:** Große Programme lassen sich leichter verwalten, wenn sie in Module unterteilt sind.

- **Teilbarkeit:** Module können leicht zwischen Projekten geteilt oder öffentlich zugänglich gemacht werden, zum Beispiel auf Plattformen wie GitHub.

Indem Sie lernen, eigene Module zu erstellen, können Sie Ihre Projekte besser organisieren und Ihre Fähigkeiten als Python-Entwickler weiterentwickeln.

6.6 Nützliche Bibliotheken Beispiele

Python verfügt über eine riesige Auswahl an Bibliotheken, die für die verschiedensten Anwendungsfälle nützlich sind. Hier sind einige populäre und praktische Python-Bibliotheken, die in vielen Projekten zum Einsatz kommen:

1. **NumPy:**

   - **Verwendungszweck:** Wissenschaftliches Rechnen und Datenanalyse, insbesondere für die Arbeit mit großen mehrdimensionalen Arrays und Matrizen.

   - **Besonderheit:** Bietet leistungsstarke mathematische Funktionen, Fourier-Transformationen, Werkzeuge für die Arbeit mit linearen Algebra Operationen und mehr.

2. **Pandas:**

   - **Verwendungszweck:** Datenmanipulation und -analyse, ideal für strukturierte Daten wie tabellarische Daten und Zeitreihen.

   - **Besonderheit:** Ermöglicht das einfache Laden, Bearbeiten und Analysieren von Daten mit einer Vielzahl von Funktionen zum Filtern, Gruppieren und Aggregieren.

3. **Matplotlib:**

   - **Verwendungszweck:** Erstellung von 2D-Diagrammen und Grafiken in hoher Qualität.

   - **Besonderheit:** Umfangreiche Kontrolle über Grafikelemente, Stile, Schriftarten und Layouts. Unterstützt auch das Speichern in vielen verschiedenen Dateiformaten.

4. **Scikit-learn:**

   - **Verwendungszweck:** Maschinelles Lernen, bietet einfache und effiziente Werkzeuge für Datenmining und Datenanalyse.

   - **Besonderheit:** Enthält Algorithmen für Klassifizierung, Regression, Clustering und Dimensionsreduktion, sowie Werkzeuge zur Modellauswahl und zur Preprocessing von Daten.

5. **TensorFlow und PyTorch:**

   - **Verwendungszweck:** Entwickeln und Trainieren von maschinellen Lernmodellen, insbesondere solchen, die auf tiefem Lernen basieren.

- **TensorFlow** ist bekannt für seine flexible und umfassende Toolkit-Architektur und starke Unterstützung für Produktionszwecke.

- **PyTorch** wird besonders für seine Einfachheit und Benutzerfreundlichkeit bei Forschung und Entwicklung geschätzt, bietet dynamische Berechnungsgraphen, die es den Nutzern ermöglichen, Änderungen schneller und intuitiver vorzunehmen.

6. **Flask und Django:**

- **Verwendungszweck:** Webentwicklung. Flask ist ein Mikro-Webframework, das für einfache Webanwendungen geeignet ist, während Django ein hochgradig skalierbares und voll ausgestattetes Webframework für komplexe Webprojekte ist.

- **Besonderheit:** Flask bietet mehr Flexibilität und Einfachheit für kleinere Projekte, wohingegen Django mit seinem "batteries included" Ansatz viele integrierte Funktionen für die Entwicklung professioneller Webseiten bietet.

Diese Bibliotheken erweitern die Fähigkeiten von Python erheblich, ermöglichen es Entwicklern, komplexe Aufgaben effizienter zu bewältigen und fördern Innovationen in einer Vielzahl von Bereichen wie Künstliche Intelligenz, wissenschaftliche Forschung, Datenanalyse und Webentwicklung.

6.7 Praktische Übungen

Nachdem Sie sich mit den Grundlagen von Python-Modulen und Bibliotheken vertraut gemacht haben, hier einige praktische Übungen, um Ihre Kenntnisse anzuwenden und zu vertiefen.

Übung 1: Verwendung von math

- Importieren Sie das Modul **math** und verwenden Sie es, um die Wurzel und den Sinus eines vom Benutzer eingegebenen Winkels zu berechnen.

Übung 2: Datenanalyse mit Pandas

- Installieren Sie das Pandas-Modul mit pip, laden Sie eine CSV-Datei und führen Sie einfache Datenanalysen durch, z. B. Berechnen des Mittelwerts und der Standardabweichung einer Spalte.

Übung 3: Erstellen eines eigenen Moduls

- Erstellen Sie ein eigenes Modul namens **utilities.py**, das eine Funktion enthält, die eine Liste von Zahlen sortiert und eine weitere Funktion, die die Anzahl der Elemente in der Liste prüft.

Übung 4: Web Scraping mit BeautifulSoup

- Installieren Sie BeautifulSoup mit pip. Schreiben Sie ein Skript, das den Titel einer Webseite extrahiert, indem Sie die URL als Eingabe verwenden.

Übung 5: Visualisierung mit Matplotlib

- Erstellen Sie ein Skript, das eine Sinus- und eine Kosinus-Kurve auf demselben Plot darstellt, wobei die x-Achse von 0 bis 2π läuft.

6.8 Lösungen zu den praktischen Übungen

Hier sind die Lösungen zu den Übungen aus Kapitel 6, die Ihnen helfen sollen, Ihre Fähigkeiten im Umgang mit Python-Modulen und -Bibliotheken zu festigen und weiterzuentwickeln.

Lösung zu Übung 1: Verwendung von math

```python
import math

winkel = float(input("Geben Sie einen Winkel in Grad ein: "))

winkel_rad = math.radians(winkel)  # Umwandlung in Radianten

sinus = math.sin(winkel_rad)

print(f"Der Sinus des Winkels ist: {sinus}")

wurzel = math.sqrt(winkel_rad)

print(f"Die Wurzel des Winkels in Radianten ist: {wurzel}")
```

Lösung zu Übung 2: Datenanalyse mit Pandas

```python
import pandas as pd

# Stellen Sie sicher, dass die Datei 'datafile.csv' im selben Verzeichnis liegt oder geben Sie den vollständigen Pfad an

data = pd.read_csv('datafile.csv')

mittelwert = data['Ihre_Spalte'].mean()  # Ersetzen Sie 'Ihre_Spalte' mit dem Spaltennamen

standardabweichung = data['Ihre_Spalte'].std()

print(f"Mittelwert: {mittelwert}, Standardabweichung: {standardabweichung}")
```

Lösung zu Übung 3: Erstellen eines eigenen Moduls

```python
# In der Datei utilities.py
def sortiere(liste):
    return sorted(liste)


def anzahl_elemente(liste):
    return len(liste)
```

Verwendung des Moduls:

```python
import utilities

zahlen = [5, 3, 9, 1]
```

```python
print("Sortierte Liste:", utilities.sortiere(zahlen))
print("Anzahl der Elemente:", utilities.anzahl_elemente(zahlen))
```

Lösung zu Übung 4: Web Scraping mit BeautifulSoup

```python
from bs4 import BeautifulSoup
import requests

url = input("Bitte geben Sie eine URL ein: ")
response = requests.get(url)
soup = BeautifulSoup(response.text, 'html.parser')
title = soup.title.text if soup.title else 'Kein Titel gefunden'
print("Webseitentitel:", title)
```

Lösung zu Übung 5: Visualisierung mit Matplotlib

```python
import matplotlib.pyplot as plt
import numpy as np

x = np.linspace(0, 2 * np.pi, 100)
plt.plot(x, np.sin(x), label='Sinus')
plt.plot(x, np.cos(x), label='Kosinus')
plt.title('Sinus und Kosinus Kurven')
plt.legend()
plt.show()
```

Diese Lösungen sollen Ihnen helfen, die Theorie in praktische Anwendungen zu übertragen und Ihre Fähigkeiten in der Programmierung mit Python durch das Arbeiten mit externen Bibliotheken und das Erstellen eigener Module zu verbessern.

Kapitel 7: Fehlerbehandlung

7.1 Einführung in die Fehlerbehandlung

Die Fehlerbehandlung ist ein zentraler Aspekt der Softwareentwicklung, der sich mit dem Erkennen, Abfangen und Verwalten von Fehlern oder Ausnahmen während der Ausführung eines Programms befasst. In Python und vielen anderen Programmiersprachen sind robuste Mechanismen zur Fehlerbehandlung integriert, die es Entwicklern ermöglichen, auf unerwartete oder unerwünschte Ereignisse reagieren zu können, ohne dass das Programm abrupt beendet wird.

Warum ist Fehlerbehandlung wichtig?

- **Robustheit:** Programme, die effektiv Fehler abfangen und darauf reagieren können, sind stabiler und zuverlässiger.

- **Benutzerfreundlichkeit:** Durch die korrekte Fehlerbehandlung können Programme informative Fehlermeldungen anzeigen, die dem Benutzer oder Entwickler helfen, das Problem zu verstehen und zu beheben.

- **Sicherheit:** Durch die Behandlung von Ausnahmen können Sicherheitslücken verhindert werden, die durch unvorhergesehene Nutzung oder externe Eingriffe entstehen könnten.

Fehlerbehandlung umfasst das Erkennen von Problemen, die während der Ausführung entstehen können (Laufzeitfehler), und das Implementieren von Mechanismen, um diese zu handhaben. Typische Laufzeitfehler beinhalten Division durch Null, Zugriff auf nicht existierende Dateien, Überschreitung von Indexgrenzen bei Datenstrukturen und viele andere Arten von Fehlern, die zur Laufzeit eines Programms auftreten können.

Grundkonzepte:

- **Exceptions (Ausnahmen):** In Python und anderen höheren Programmiersprachen werden Fehler als "Exceptions" behandelt, die geworfen (throw) und gefangen (catch) werden können. Dieser Mechanismus erlaubt es, den normalen Kontrollfluss des Programms zu unterbrechen und speziellen Code zur Fehlerbehandlung auszuführen.

- **Try und Catch Blöcke:** Python verwendet **try** und **except** Blöcke, um potenziell fehlerhaften Code zu umschließen und entsprechende Reaktionen auf verschiedene Exceptions zu definieren.

Das Verständnis und die Implementierung effektiver Fehlerbehandlung sind wesentliche Fähigkeiten für Entwickler, die zur Entwicklung robuster, sicherer und benutzerfreundlicher Software beitragen. Im weiteren Verlauf dieses Kapitels werden wir detailliert auf die verschiedenen Aspekte der Fehlerbehandlung in Python eingehen, einschließlich der häufigsten Fehlerarten, spezifischer Techniken zum Umgang mit diesen und Methoden zur Erstellung eigener Ausnahmebedingungen.

7.2 Häufige Fehlerarten

In der Programmierung treten Fehler häufig auf und können aus einer Vielzahl von Gründen entstehen. In Python gibt es einige gängige Fehlerarten (Ausnahmen), die Entwickler kennen und behandeln sollten, um robustere Programme zu erstellen.

Syntaxfehler:

- **SyntaxError:** Tritt auf, wenn Python Code aufgrund eines syntaktischen Problems nicht interpretieren kann. Das kann ein vergessenes Schlüsselwort, ein fehlendes Zeichen wie Klammern, Anführungszeichen oder Kommas sein. Syntaxfehler werden in der Regel beim Versuch, das Programm zu kompilieren oder auszuführen, entdeckt.

Laufzeitfehler:

- **NameError:** Dieser Fehler tritt auf, wenn Python auf eine Variable oder Funktion zugreifen soll, die nicht definiert ist. Dies geschieht oft durch Tippfehler oder wenn eine Variable in einem Bereich verwendet wird, in dem sie nicht zugänglich ist.

- **TypeError:** Wird ausgelöst, wenn eine Operation oder Funktion auf einen Datentyp angewendet wird, der für diese Operation ungeeignet ist, z.B. das Addieren einer Zahl und eines Strings.

- **IndexError und KeyError:** Ein **IndexError** tritt auf, wenn versucht wird, auf einen Index zuzugreifen, der außerhalb der Grenzen einer Liste oder eines anderen Sequenztyps liegt. Ein **KeyError** wird ausgelöst, wenn ein Dictionary-Schlüssel nicht gefunden wird.

- **ValueError:** Tritt auf, wenn eine Funktion oder Operation einen richtigen Typ erhält, aber mit einem unangemessenen Wert. Zum Beispiel, wenn eine Funktion, die eine Zahl erwartet, mit einer Zahl aufgerufen wird, die außerhalb eines erlaubten Bereichs liegt.

- **ZeroDivisionError:** Entsteht, wenn eine Division oder Modulo-Operation mit Null als Divisor durchgeführt wird.

Ressourcen-bezogene Fehler:

- **IOError:** Tritt auf, wenn ein Input/Output-Vorgang fehlschlägt, z.B. beim Versuch, eine Datei zu öffnen, die nicht existiert.

- **OSError:** Wird ausgelöst durch Betriebssystem-bezogene Fehler, zum Beispiel beim Zugriff auf einen Pfad, der nicht existiert.

Andere Fehler:

- **AttributeError:** Wird ausgelöst, wenn ein Attribut-Referenz oder eine Zuweisung fehlschlägt. Zum Beispiel, wenn versucht wird, auf eine Methode oder ein Attribut zuzugreifen, das nicht existiert.

- **MemoryError:** Tritt auf, wenn eine Operation die Speichergrenze des Systems überschreitet.

Das Verständnis dieser Fehlerarten und die Fähigkeit, sie effektiv zu behandeln, ist entscheidend für die Entwicklung zuverlässiger Software. Im weiteren Verlauf dieses Kapitels werden Methoden zur Behandlung solcher Fehler detailliert besprochen.

7.3 Fehlerbehandlung: try und except

In Python wird die Fehlerbehandlung durch die Verwendung der **try**- und **except**-Blöcke ermöglicht. Diese Struktur hilft dabei, Fehler abzufangen, die während der Ausführung eines Programms auftreten könnten, und bietet eine Möglichkeit, darauf zu reagieren, statt das Programm einfach abbrechen zu lassen.

Grundprinzipien der try-except-Blöcke:

1. **try-Block:**

   - Der **try**-Block umschließt den Code, von dem erwartet wird, dass er einen Fehler auslösen könnte. Python versucht zunächst, den Code im **try**-Block auszuführen.

2. **except-Block:**

   - Wenn ein Fehler im **try**-Block auftritt, unterbricht Python die Ausführung dieses Blocks und springt zu dem entsprechenden **except**-Block, der den Fehler behandelt. Der **except**-Block fängt die Exception ab und führt den Code aus, der zur Fehlerbehandlung vorgesehen ist.

Syntax der try-except-Blöcke:

```python
try:
    # Code, der möglicherweise einen Fehler verursacht
    ergebnis = 10 / 0
except ZeroDivisionError:
    # Code, der ausgeführt wird, wenn ein Fehler auftritt
    print("Division durch Null ist nicht erlaubt.")
```

Mehrere except-Blöcke:

- Ein **try**-Block kann von mehreren **except**-Blöcken gefolgt werden, um verschiedene Arten von Fehlern unterschiedlich zu behandeln.

Beispiel:

```python
try:
    # Code, der verschiedene Fehler verursachen könnte
    wert = int(input("Bitte geben Sie eine Zahl ein: "))
    reziprok = 1 / wert
except ValueError:
    print("Bitte geben Sie eine gültige Ganzzahl ein.")
except ZeroDivisionError:
    print("Null ist als Eingabe nicht erlaubt.")
```

Allgemeiner except-Block:

- Ein allgemeiner **except**-Block ohne spezifische Fehlerangabe kann alle Arten von Exceptions fangen, die nicht speziell abgefangen wurden. Dies sollte jedoch mit Vorsicht verwendet werden, da es spezifische Fehlerinformationen verbergen kann.

Beispiel:

try:

    # riskanter Code

    gefährlicher_code()

except Exception as e:

    print("Ein Fehler ist aufgetreten:", e)

Nutzung von else und finally:

- Das **else**-Schlüsselwort kann in Verbindung mit **try** verwendet werden, um Code auszuführen, der nur dann laufen soll, wenn im **try**-Block kein Fehler aufgetreten ist.

- Der **finally**-Block wird ausgeführt, egal ob ein Fehler aufgetreten ist oder nicht, und ist nützlich, um Ressourcen freizugeben oder abschließende Aktionen durchzuführen.

Durch die effektive Nutzung von **try** und **except** kann die Robustheit und die Benutzerfreundlichkeit von Programmen erheblich verbessert werden, da Programme gegen unvorhergesehene Fehler und Eingabeprobleme abgesichert werden können.

7.4 Der finally-Block

In der Fehlerbehandlung mit Python ermöglicht der **finally**-Block eine Art von Abschlusshandlung, die nach den **try** und **except** Blöcken ausgeführt wird, unabhängig davon, ob eine Ausnahme aufgetreten ist oder nicht. Der **finally**-Block ist besonders nützlich, um sicherzustellen, dass bestimmte Ressourcen ordnungsgemäß freigegeben oder notwendige Aufräumarbeiten durchgeführt werden, wie das Schließen von Dateien oder Netzwerkverbindungen.

Grundprinzip des finally-Blocks:

- Der **finally**-Block wird immer ausgeführt, nachdem die **try**- und **except**-Blöcke abgeschlossen sind, egal ob eine Ausnahme aufgetreten ist oder nicht.

- Selbst wenn ein **return**-Befehl in einem der vorherigen Blöcke getroffen wird, wird der **finally**-Block vor dem Verlassen der Funktion ausgeführt.

Beispiel für die Verwendung von finally:

try:

    datei = open("beispieldatei.txt", "r")

    inhalt = datei.read()

    print(inhalt)

```
except FileNotFoundError:

    print("Die Datei wurde nicht gefunden.")

finally:

    datei.close()

    print("Die Datei wurde geschlossen.")
```

In diesem Beispiel wird sichergestellt, dass die Datei immer geschlossen wird, egal ob sie erfolgreich geöffnet und gelesen wurde oder ob ein Fehler aufgetreten ist.

Wichtige Einsatzgebiete:

- **Ressourcenmanagement:** Der **finally**-Block ist ideal für das Management von Ressourcen, da er garantiert, dass wichtige Aufräumarbeiten durchgeführt werden.

- **Freigabe von Systemressourcen:** In Anwendungen, die mit externen Systemressourcen wie Dateisystemen, Netzwerkressourcen oder Datenbankverbindungen arbeiten, ist es entscheidend, dass diese Ressourcen ordnungsgemäß freigegeben werden, um Leaks und Datenkorruption zu vermeiden.

Nutzung mit Schleifen: In Schleifenkonstruktionen, insbesondere solchen, die möglicherweise mittels **break** vorzeitig beendet werden, sorgt der **finally**-Block dafür, dass der abschließende Code trotzdem ausgeführt wird. Dies ist besonders wichtig in Szenarien, in denen eine saubere Beendigung der Schleife kritisch ist, unabhängig davon, wie die Schleife verlassen wird.

Durch die Integration des **finally**-Blocks in Ihre Fehlerbehandlungsroutinen können Sie eine höhere Stabilität und Zuverlässigkeit Ihrer Python-Anwendungen gewährleisten.

7.5 Eigene Ausnahmen erstellen

In Python können Sie nicht nur die standardmäßigen Ausnahmen behandeln, sondern auch eigene, spezifische Ausnahmeklassen erstellen. Dies ist besonders nützlich, wenn Sie spezielle Fehlerbedingungen in Ihrem Code definieren möchten, die nicht durch die Standardausnahmen abgedeckt sind.

Erstellen eigener Ausnahmeklassen:

- Eigene Ausnahmeklassen werden typischerweise von der eingebauten Klasse **Exception** abgeleitet.

- Durch das Erstellen einer benutzerdefinierten Ausnahme können Sie spezifische Fehlerinformationen übergeben, die für Ihre Anwendung relevant sind.

Beispiel für eine eigene Ausnahmeklasse:

```
class MeinFehler(Exception):

    def __init__(self, message):

        self.message = message

        super().__init__(message)
```

In diesem Beispiel wird eine neue Ausnahmeklasse **MeinFehler** erstellt, die von der Basisklasse **Exception** erbt. Der Konstruktor nimmt eine Nachricht entgegen, die dann an den Konstruktor der Basisklasse weitergeleitet wird.

Verwendung der eigenen Ausnahmeklasse:

- Nachdem Sie Ihre eigene Ausnahmeklasse definiert haben, können Sie sie in Ihrem Code werfen und fangen, ähnlich wie Sie dies mit Standardausnahmen tun würden.

Beispiel für das Werfen und Fangen einer eigenen Ausnahme:

```
def teste_funktion(wert):
    if wert < 10:
        raise MeinFehler("Wert darf nicht kleiner als 10 sein")
    return wert


try:
    ergebnis = teste_funktion(5)
except MeinFehler as fehler:
    print(f"Eigener Fehler gefangen: {fehler}")
```

In diesem Beispiel wird die **teste_funktion** definiert, die überprüft, ob der übergebene **wert** kleiner als 10 ist. Ist dies der Fall, wird die zuvor definierte Ausnahme **MeinFehler** geworfen. Im **try**-Block wird die Funktion aufgerufen und im **except**-Block wird die Ausnahme gefangen und eine Nachricht ausgegeben.

Vorteile eigener Ausnahmeklassen:

- **Erhöhte Kontrolle:** Sie können genau steuern, was in Ihrem Programm als Fehler betrachtet wird und wie darauf reagiert wird.

- **Bessere Lesbarkeit und Wartbarkeit:** Eigene Ausnahmeklassen machen den Code verständlicher, da sie die tatsächlichen Probleme, die sie repräsentieren, klar benennen.

- **Erweiterbarkeit:** Sie können zusätzliche Funktionalitäten in Ihre Ausnahmeklassen einbauen, wie spezielle Methoden, die helfen, den Fehler zu diagnostizieren oder zu beheben.

Das Erstellen und Verwenden eigener Ausnahmeklassen in Python hilft Ihnen, feinere Kontrolle über die Fehlerbehandlung in Ihren Anwendungen zu erhalten und kann Ihre Codebasis erheblich klarer und einfacher zu warten machen.

7.6 Debugging-Techniken

Debugging ist ein entscheidender Teil des Softwareentwicklungsprozesses. Es geht darum, Fehler im Code zu identifizieren und zu korrigieren. Python bietet mehrere Werkzeuge und Techniken, die das Debugging erleichtern. Hier sind einige der effektivsten Methoden:

1. Verwendung von Print-Statements:

- Die einfachste Form des Debuggings. Durch das Einfügen von **print()**-Anweisungen in den Code können Sie den Zustand von Variablen und den Fluss des Programms nachverfolgen. Dies kann besonders hilfreich sein, um zu verstehen, wie Werte sich ändern oder wo genau das Programm von dem erwarteten Verhalten abweicht.

2. Das logging-Modul:

- Für eine fortgeschrittene Form des Debuggings können Sie das **logging**-Modul verwenden. Dieses erlaubt es Ihnen, Nachrichten nicht nur auf der Konsole auszugeben, sondern auch in Dateien zu schreiben, wobei Sie verschiedene Ebenen von Informationsdetails einstellen können (DEBUG, INFO, WARNING, ERROR, CRITICAL).

3. Der Python Debugger (PDB):

- PDB ist ein interaktiver Debugger für Python-Programme. Sie können ihn starten, indem Sie Ihr Skript mit **python -m pdb scriptname.py** ausführen. PDB ermöglicht es Ihnen, die Ausführung des Programms zu unterbrechen (breakpoints), den Code Schritt für Schritt auszuführen (step), den Zustand von Variablen zu überprüfen und den Ausführungsfluss zu kontrollieren.

4. IDE-integrierte Debugger:

- Viele integrierte Entwicklungsumgebungen (IDEs) wie PyCharm, Visual Studio Code oder Eclipse mit PyDev bieten leistungsfähige Debugging-Tools. Diese Tools bieten eine grafische Schnittstelle für viele der Funktionen, die PDB im Kommandozeilenformat bietet, einschließlich Breakpoints, Schritt-für-Schritt-Ausführung und Variableninspektion.

5. Assertions:

- Assertions sind eine weitere nützliche Technik im Debugging-Prozess. Eine Assertion ist eine Bedingung, die Sie in Ihrem Code platzieren, um sicherzustellen, dass etwas zu einem bestimmten Zeitpunkt wahr ist. Wenn die Bedingung nicht erfüllt ist, wirft Python eine **AssertionError**-Ausnahme, was oft auf einen Bug hinweist.

  assert x > 0, "x muss positiv sein"

6. Unit Tests:

- Durch das Schreiben von Unit Tests können Sie viele Fehler frühzeitig im Entwicklungsprozess identifizieren. Python's **unittest**-Framework ermöglicht es Ihnen, Tests zu definieren, die automatisch ausgeführt werden können, um zu überprüfen, dass Ihr Code wie erwartet funktioniert.

7. Visualisierung von Codeausführung:

- Tools wie Pythontutor.com erlauben es Ihnen, den Ausführungsfluss und den Zustand von Variablen in Ihrem Code visuell zu verfolgen, was besonders nützlich für Anfänger sein kann, um die Dynamik von Schleifen, Funktionen und anderen Strukturen zu verstehen.

Diese Debugging-Techniken und -Tools können Ihnen helfen, Fehler effektiver zu finden und zu beheben, was die Qualität Ihres Codes und die Effizienz Ihrer Entwicklungsprozesse verbessert.

7.7 Praktische Übungen

Um die Konzepte der Fehlerbehandlung zu vertiefen, hier einige praktische Übungen, die Ihnen helfen sollen, das Gelernte anzuwenden und Ihre Fähigkeiten im Umgang mit Ausnahmen und Debugging in Python zu verbessern.

Übung 1: Try und Except

- Schreiben Sie eine Funktion, die zwei Zahlen von einem Benutzer einliest und ihre Division durchführt. Behandeln Sie mögliche Division-durch-Null-Fehler und andere potenzielle Input-Fehler.

Übung 2: Fehlerloggen

- Erweitern Sie die erste Übung, indem Sie das **logging**-Modul verwenden, um Fehlermeldungen statt der **print()**-Funktion zu loggen.

Übung 3: Eigene Ausnahmeklasse

- Definieren Sie eine eigene Ausnahmeklasse für den Fall, dass eine ungültige Operation in einer mathematischen Funktion auftritt, zum Beispiel das Wurzelziehen aus einer negativen Zahl. Werfen und fangen Sie diese Ausnahme in Ihrer Funktion.

Übung 4: Using Assertions

- Implementieren Sie eine Funktion, die sicherstellt, dass die übergebene Liste von Zahlen nicht leer ist, bevor sie den Durchschnitt berechnet. Verwenden Sie eine Assertion, um dies zu überprüfen.

Übung 5: Debugging mit PDB

- Schreiben Sie ein kurzes Skript, das absichtlich einen Fehler enthält. Verwenden Sie PDB, um den Fehler zu identifizieren und zu beheben.

7.8 Lösungen zu den praktischen Übungen

Hier sind die Lösungen für die Übungen aus Kapitel 7, die sich mit der Fehlerbehandlung in Python befassen.

Lösung zu Übung 1: Try und Except

```
def teile_zahlen():

    try:

        x = float(input("Geben Sie den Zähler ein: "))

        y = float(input("Geben Sie den Nenner ein: "))

        ergebnis = x / y

    except ZeroDivisionError:
```

```python
        print("Division durch Null ist nicht möglich.")
    except ValueError:
        print("Bitte geben Sie eine gültige Zahl ein.")
    else:
        print(f"Das Ergebnis ist {ergebnis}")


teile_zahlen()
```

Lösung zu Übung 2: Fehlerloggen

```python
import logging


logging.basicConfig(level=logging.ERROR)


def teile_zahlen():
    try:
        x = float(input("Geben Sie den Zähler ein: "))
        y = float(input("Geben Sie den Nenner ein: "))
        ergebnis = x / y
    except ZeroDivisionError:
        logging.error("Versuch, durch Null zu teilen.")
    except ValueError:
        logging.error("Ungültige Eingabe: keine gültige Zahl.")
    else:
        print(f"Das Ergebnis ist {ergebnis}")


teile_zahlen()
```

Lösung zu Übung 3: Eigene Ausnahmeklasse

```python
class InvalidOperationError(Exception):
    pass
```

```python
def berechne_wurzel(x):
    try:
        if x < 0:
            raise InvalidOperationError("Kann keine Wurzel aus einer negativen Zahl ziehen.")
        ergebnis = x ** 0.5
        print(f"Die Wurzel von {x} ist {ergebnis}")
    except InvalidOperationError as e:
        print(e)
berechne_wurzel(-1)
```

Lösung zu Übung 4: Assertions

```python
def berechne_durchschnitt(zahlen):
    assert len(zahlen) > 0, "Die Liste darf nicht leer sein."
    return sum(zahlen) / len(zahlen)
print(berechne_durchschnitt([1, 2, 3, 4, 5]))
```

Lösung zu Übung 5: Debugging mit PDB

```python
# Starten Sie dieses Skript mit `python -m pdb skriptname.py`
x = "Hallo"
y = 0
try:
    result = x / y  # Fehler: kann nicht teilen
except TypeError:
    print("Typfehler aufgetreten")
print(result)
```

Nutzen Sie in PDB Kommandos wie l (list), **n** (next), **c** (continue), **p** (print) und **q** (quit), um den Fehler zu finden und zu beheben.

Diese Lösungen bieten eine praktische Anleitung, um Ihre Fähigkeiten im Umgang mit verschiedenen Arten von Fehlern in Python zu verbessern und zu demonstrieren, wie Fehler in realen Szenarien behandelt werden können.

Kapitel 8: Dateien und Ein-/Ausgabe

8.1 Einführung in Dateien in Python

Dateien zu verwalten ist eine Grundfähigkeit für jeden Python-Programmierer, da viele Programme Daten lesen und schreiben müssen, die in Dateien gespeichert sind. Python bietet eingebaute Funktionen und Module, die das Lesen von, Schreiben in und Verwalten von Dateien vereinfachen.

Grundlagen der Dateiarbeit in Python:

- **Dateitypen:** Python kann mit verschiedenen Dateitypen arbeiten, darunter Textdateien, CSV, JSON, Bild- und Binärdateien.

- **Dateizugriffsmodes:** Beim Öffnen einer Datei müssen Sie angeben, wie die Datei verwendet wird. Gängige Modi sind Lesen (**r**), Schreiben (**w**), Anhängen (**a**) und Modi, die eine Kombination aus Lesen und Schreiben ermöglichen (**r+**, **w+**, **a+**).

- **Standardfunktionen:** Python verwendet **open()** zum Öffnen einer Datei, **read()** oder **write()** zum Lesen aus oder Schreiben in eine Datei und **close()** zum Schließen der Datei.

Beispiel für das Öffnen einer Datei:

file = open('example.txt', 'r') # Öffnet example.txt im Lesemodus

Wichtige Konzepte:

- **Automatisches Schließen von Dateien:** Es ist eine gute Praxis, die **with**-Anweisung zu verwenden, wenn Sie mit Dateien arbeiten, da sie sicherstellt, dass die Datei ordnungsgemäß geschlossen wird, auch wenn ein Fehler auftritt.

  with open('example.txt', 'r') as file:

      content = file.read()

In den folgenden Abschnitten dieses Kapitels werden wir die verschiedenen Techniken und Funktionen zur Dateiverwaltung in Python detaillierter betrachten, einschließlich Lesen und Schreiben von Dateien, fortgeschrittene Dateioperationen und die Verwendung von Modulen wie **os** und **shutil** für die Dateiverwaltung.

8.2 Lesen von Dateien

Das Lesen von Dateien ist eine der grundlegenden Fähigkeiten, die jeder Python-Entwickler beherrschen sollte. Python stellt eine einfache und intuitive Möglichkeit bereit, um Daten aus Dateien zu lesen, was besonders nützlich ist für das Einlesen von Konfigurationsdateien, Datenanalyse, das Loggen von Informationen und viele andere Anwendungen.

Grundlagen des Datei-Lesens in Python:

- **Öffnen einer Datei:** Um eine Datei zum Lesen zu öffnen, verwenden Sie die eingebaute Funktion **open()**, die als ersten Parameter den Dateipfad und als zweiten Parameter den Modus **r** für "read" erwartet.

Lesen der gesamten Datei:

- Die Methode **read()** liest den gesamten Inhalt der Datei in einen String. Dies kann bei nicht allzu großen Dateien praktisch sein, da Sie schnell auf den gesamten Text zugreifen können.

```
with open('example.txt', 'r') as file:

    content = file.read()

    print(content)
```

Lesen von Dateien zeilenweise:

- Die Methode **readline()** liest eine einzelne Zeile aus der Datei.

- Die Methode **readlines()** liest alle Zeilen in der Datei und gibt sie als Liste von Strings zurück, wobei jeder String eine Zeile repräsentiert.

```
with open('example.txt', 'r') as file:

    lines = file.readlines()

    for line in lines:

        print(line.strip())  # strip() entfernt den abschließenden Zeilenumbruch
```

Effizientes Iterieren über große Dateien:

- Für sehr große Dateien ist es ratsam, Zeile für Zeile zu lesen, um den Speicherbedarf gering zu halten. Dies kann direkt in einer for-Schleife mit dem Dateiobjekt gemacht werden:

```
with open('example.txt', 'r') as file:

    for line in file:

        print(line.strip())
```

Umgang mit Kodierungsfragen:

- Beim Öffnen einer Datei können Sie die Kodierung der Datei mit dem **encoding**-Parameter der **open()**-Funktion spezifizieren. Dies ist nützlich, wenn Sie mit Dateien arbeiten, die nicht in der Standardkodierung (in der Regel UTF-8) vorliegen.

```
with open('example.txt', 'r', encoding='utf-8') as file:

    print(file.read())
```

Durch das Verständnis dieser Methoden zum Lesen von Dateien sind Sie in der Lage, Daten effektiv für eine Vielzahl von Anwendungen zu verarbeiten. Im weiteren Verlauf dieses Kapitels werden wir uns mit Schreiboperationen, fortgeschrittener Dateiverwaltung und Techniken zur Handhabung von Ein-/Ausgabeoperationen beschäftigen.

8.3 Schreiben von Dateien

Das Schreiben in Dateien ist eine essentielle Fähigkeit für Python-Entwickler, da es ermöglicht, Daten dauerhaft zu speichern, sei es für Datenexport, das Erzeugen von Berichten, oder das Speichern von Zuständen in Anwendungen. Python bietet einfache Mechanismen, um Daten in Dateien zu schreiben.

Grundlagen des Datei-Schreibens in Python:

- **Öffnen einer Datei zum Schreiben:** Um in eine Datei zu schreiben, verwenden Sie die **open()**-Funktion mit dem Modus **w** für das Schreiben (write). Wenn die Datei bereits existiert, wird ihr Inhalt durch den neuen ersetzt. Wenn sie nicht existiert, wird eine neue Datei erstellt.

  with open('example.txt', 'w') as file:

    file.write("Hallo Welt!")

- **Anhängen an eine Datei:** Um Daten an das Ende einer bestehenden Datei anzuhängen, ohne die vorhandenen Daten zu löschen, verwenden Sie den Modus **a** (append).

  with open('example.txt', 'a') as file:

    file.write("\nWeitere Zeile.")

Schreiben von mehreren Zeilen:

- Sie können die **write()**-Methode verwenden, um Text in eine Datei zu schreiben. Um mehrere Zeilen zu schreiben, können Sie die Methode mehrmals aufrufen oder Zeilenumbrüche \n in den Strings verwenden.

- Eine alternative Methode ist **writelines()**, die eine Liste von zu schreibenden Strings nimmt. Jeder String repräsentiert dabei eine Zeile. Beachten Sie, dass **writelines()** selbst keine Zeilenumbrüche hinzufügt, diese müssen in den Strings enthalten sein.

  lines = ["Erste Zeile\n", "Zweite Zeile\n", "Dritte Zeile"]

  with open('example.txt', 'w') as file:

    file.writelines(lines)

Effizientes Schreiben großer Datenmengen:

- Beim Schreiben großer Datenmengen ist es ratsam, die Daten in Blöcken zu schreiben oder Buffering-Techniken anzuwenden, um die Anzahl der Schreiboperationen auf die Festplatte zu minimieren. Python's **open()**-Funktion ermöglicht es, den Buffering-Modus anzupassen.

Umgang mit Dateikodierungen:

- Beim Schreiben von Textdateien können Sie die Kodierung mit dem **encoding**-Parameter in **open()** spezifizieren. Dies ist besonders wichtig, wenn Sie nicht-ASCII-Text schreiben, wie z.B. Unicode-Zeichen.

  with open('example_utf8.txt', 'w', encoding='utf-8') as file:

    file.write("Unicode Text – äöüß")

Durch das Erlernen dieser Techniken sind Sie in der Lage, Daten effektiv in Dateien zu schreiben und somit die Fähigkeit zu erwerben, Zustände, Konfigurationen und Ausgaben Ihrer Programme zu verwalten und zu persistieren. In den nächsten Abschnitten werden wir uns weiter mit fortgeschrittenen Techniken der Dateiverwaltung befassen.

8.4 Dateiverwaltung mit os und shutil

Für fortgeschrittene Dateiverwaltung bietet Python zwei sehr nützliche Module: **os** und **shutil**. Diese Module ermöglichen es, Betriebssystem-bezogene Aufgaben wie Dateimanipulation, Verzeichnisverwaltung und Dateikopieraktionen programmatisch zu handhaben.

Das os-Modul:

- Das **os**-Modul bietet zahlreiche Funktionen zur Interaktion mit dem Betriebssystem und dessen Dateisystem, wie das Ändern des aktuellen Arbeitsverzeichnisses, das Auflisten von Dateien in einem Verzeichnis und das Löschen oder Umbenennen von Dateien.

Beispiel für die Verwendung des **os**-Moduls:

```
import os
```

```
# Aktuelles Verzeichnis wechseln
os.chdir('/path/to/directory')
```

```
# Auflisten aller Dateien und Verzeichnisse im aktuellen Verzeichnis
files = os.listdir('.')
```

```
# Eine Datei umbenennen
os.rename('old_name.txt', 'new_name.txt')
```

```
# Eine Datei löschen
os.remove('filename.txt')
```

Das shutil-Modul:

- Während **os** grundlegende Dateioperationen bietet, erweitert **shutil** diese Funktionalitäten um komplexere Dateioperationen wie das Kopieren und Verschieben ganzer Verzeichnisse und das Arbeiten mit Dateiarchiven.

Beispiel für die Verwendung des **shutil**-Moduls:

```
import shutil
```

```python
# Kopieren einer Datei

shutil.copy('source_file.txt', 'destination_file.txt')


# Verschieben einer Datei

shutil.move('source_file.txt', 'destination_directory')


# Ein ganzes Verzeichnis kopieren

shutil.copytree('source_directory', 'destination_directory')


# Ein Verzeichnis samt Inhalt löschen

shutil.rmtree('directory_to_delete')
```

Erweiterte Dateioperationen:

- Beide Module können zusammen verwendet werden, um komplexe Dateiverwaltungsaufgaben zu lösen, wie das gezielte Suchen und Bearbeiten von Dateien basierend auf bestimmten Kriterien (z.B. Dateigröße oder Modifikationsdatum) und das systematische Organisieren von Dateisystemen.

Beispiel für kombinierte Nutzung:

- Sie können **os** nutzen, um durch Verzeichnisse zu navigieren und spezifische Dateiattribute zu prüfen, während **shutil** verwendet wird, um Dateien basierend auf diesen Attributen zu kopieren oder zu verschieben.

```python
import os

import shutil


# Durchsuchen eines Verzeichnisses und Kopieren aller PNG-Dateien in ein neues Verzeichnis

for file in os.listdir('.'):

    if file.endswith('.png'):

        shutil.copy(file, 'path/to/destination_directory')
```

Die Kombination dieser mächtigen Module ermöglicht es, automatisierte Skripte zu entwickeln, die routinemäßige Dateiverwaltungsaufgaben effizient und effektiv durchführen können, wodurch Zeit gespart und Fehler minimiert werden.

8.5 Erweiterte Dateioperationen

Neben den grundlegenden Dateioperationen wie Lesen, Schreiben und Verwalten von Dateien und Verzeichnissen bietet Python auch Funktionen für erweiterte Dateioperationen. Diese Funktionen ermöglichen es Ihnen, Dateien auf eine Weise zu manipulieren, die über die üblichen Vorgänge hinausgeht, und können in vielen fortgeschrittenen Anwendungen sehr nützlich sein.

Arbeiten mit Dateipfaden:

- Das Modul **os.path** bietet viele nützliche Funktionen zur Manipulation von Dateipfaden und zur Abfrage von Dateieigenschaften.

  - **os.path.join()** ermöglicht das sichere Verbinden von Pfaden, indem automatisch der richtige Pfadtrenner für das Betriebssystem verwendet wird.

  - **os.path.exists()** prüft, ob ein bestimmter Pfad existiert.

  - **os.path.isfile()** und **os.path.isdir()** überprüfen, ob der Pfad eine Datei oder ein Verzeichnis ist.

  - **os.path.getsize()** gibt die Größe einer Datei zurück.

Dateiattribute ändern:

- Python kann auch Attribute wie die Zugriffsrechte, das Erstellungsdatum und die letzte Änderung von Dateien verwalten.

  - **os.chmod()** ändert die Zugriffsrechte einer Datei.

  - **os.utime()** kann verwendet werden, um die Zeitstempel einer Datei zu ändern.

Temporäre Dateien und Verzeichnisse:

- Für Operationen, die temporäre Dateien oder Verzeichnisse erfordern, stellt das Modul **tempfile** nützliche Funktionen bereit.

  - **tempfile.TemporaryFile()** erstellt eine temporäre Datei, die automatisch geschlossen und von der Festplatte gelöscht wird, wenn sie geschlossen wird oder das Objekt gelöscht wird.

  - **tempfile.TemporaryDirectory()** funktioniert ähnlich, aber für Verzeichnisse.

Dateien sichern:

- Das Modul **shutil** bietet Funktionen wie **shutil.copy2()**, die nicht nur Dateien kopiert, sondern auch so viele Metadaten wie möglich (z.B. Zeitstempel) beibehält.

Arbeiten mit Symbolischen Links:

- **os.symlink()** erstellt einen symbolischen Link, der auf eine andere Datei oder ein anderes Verzeichnis verweist.

- **os.readlink()** liest den Pfad, auf den ein symbolischer Link zeigt.

Beispiel für fortgeschrittene Dateioperationen:

```python
import os

import shutil

import tempfile


# Temporäre Datei erstellen

with tempfile.TemporaryFile() as tmp_file:

    tmp_file.write(b'Beispielinhalt')  # Schreiben von Bytes in die temporäre Datei

    tmp_file.seek(0)

    print(tmp_file.read())  # Lesen des Inhalts zurück


# Sicheres Kopieren einer Datei

shutil.copy2('source.txt', 'destination.txt')


# Symbolischen Link erstellen und lesen

os.symlink('original.txt', 'link.txt')

print(os.readlink('link.txt'))
```

Diese erweiterten Operationen eröffnen viele Möglichkeiten für die Automatisierung und Verwaltung von Dateien in größeren Python-Anwendungen und Skripten, die über einfache Ein- und Ausgabeoperationen hinausgehen.

8.6 Tastatureingaben

In vielen Python-Anwendungen ist es erforderlich, Benutzereingaben über die Tastatur zu erfassen, sei es für Konfigurationen, interaktive Befehle oder Dateneingabe. Python bietet eine eingebaute Methode zur Handhabung von Tastatureingaben, die sowohl einfach als auch effektiv ist.

Verwendung von input():

- Die Funktion **input()** ermöglicht es, Benutzereingaben als Zeichenkette (String) zu erfassen. Wenn **input()** aufgerufen wird, hält das Programm an und wartet, bis der Benutzer eine Eingabe getätigt und die Eingabetaste gedrückt hat.

Grundlegender Gebrauch:

- Ein grundlegender Aufruf von **input()** kann einen Prompt enthalten, der dem Benutzer anzeigt, welche Art von Eingabe erwartet wird.

Beispiel:

name = input("Bitte geben Sie Ihren Namen ein: ")

print(f"Hallo, {name}!")

In diesem Beispiel wird der Benutzer aufgefordert, seinen Namen einzugeben, der dann zur Begrüßung verwendet wird.

Eingaben in spezifische Datentypen konvertieren:

- Standardmäßig gibt **input()** die Eingaben als String zurück. Wenn Sie andere Datentypen benötigen, müssen Sie die Eingabe entsprechend konvertieren.

Beispiel für numerische Eingaben:

alter = input("Bitte geben Sie Ihr Alter ein: ")

alter = int(alter) # Konvertierung von String zu Integer

print(f"Sie sind {alter} Jahre alt.")

In diesem Beispiel wird die Eingabe in einen Integer umgewandelt, um damit als Zahl arbeiten zu können.

Sicherheitsüberlegungen:

- Bei der Verwendung von **input()** ist Vorsicht geboten, insbesondere wenn die Eingaben in Kommandos oder Datenbankabfragen verwendet werden. Ungefilterte Eingaben können zu Sicherheitslücken wie SQL-Injection oder anderen Arten von Angriffen führen.

Erweiterte Nutzung:

- In komplexeren Anwendungen können Sie Schleifen und Bedingungen verwenden, um die Eingaben zu validieren und sicherzustellen, dass sie den erwarteten Formatierungen oder Wertebereichen entsprechen.

Beispiel für eine einfache Validierung:

```
while True:

    eingabe = input("Geben Sie 'ja' oder 'nein' ein: ")

    if eingabe.lower() in ['ja', 'nein']:

        break

    print("Ungültige Eingabe, bitte versuchen Sie es erneut.")
```

Dieses Beispiel zeigt eine Schleife, die so lange läuft, bis der Benutzer eine gültige Eingabe gemacht hat.

Die Fähigkeit, Tastatureingaben in Python effektiv zu verarbeiten, ist fundamental für die Erstellung interaktiver Anwendungen und Skripte. Sie ermöglicht eine dynamische Interaktion mit dem Benutzer und kann den Funktionsumfang eines Programms erheblich erweitern.

8.7 Praktische Übungen

Diese praktischen Übungen sollen Ihnen helfen, Ihr Verständnis und Ihre Fähigkeiten im Umgang mit Dateien und Ein-/Ausgabeoperationen in Python zu vertiefen.

Übung 1: Datei lesen und Inhalt ausgeben

- Schreiben Sie ein Skript, das eine Datei öffnet, ihren Inhalt liest und diesen auf der Konsole ausgibt. Stellen Sie sicher, dass Fehler, wie das Fehlen der Datei, ordnungsgemäß behandelt werden.

Übung 2: Benutzereingaben in eine Datei schreiben

- Erstellen Sie ein Programm, das wiederholt Benutzereingaben annimmt und diese in einer Datei speichert. Das Programm soll beendet werden, wenn der Benutzer "exit" eingibt.

Übung 3: Dateiattribute anzeigen

- Nutzen Sie das **os**-Modul, um die Größe einer Datei und das Datum der letzten Modifikation anzuzeigen. Fragen Sie den Benutzer nach dem Dateinamen.

Übung 4: Durchsuchen von Verzeichnissen

- Schreiben Sie ein Skript, das alle Dateien in einem Verzeichnis auflistet, das der Benutzer angibt. Zeigen Sie für jede Datei den vollständigen Pfad an.

Übung 5: Dateien nach Typ filtern

- Modifizieren Sie das Skript aus Übung 4, sodass nur Dateien eines bestimmten Typs (z.B. nur **.txt**-Dateien) angezeigt werden.

8.8 Lösungen zu den praktischen Übungen

Hier sind die Lösungen zu den Übungen aus Kapitel 8, die sich mit Dateien und Ein-/Ausgabe in Python befassen.

Lösung zu Übung 1: Datei lesen und Inhalt ausgeben

```python
try:
    with open('example.txt', 'r') as file:
        content = file.read()
        print(content)
except FileNotFoundError:
    print("Die Datei wurde nicht gefunden.")
```

Lösung zu Übung 2: Benutzereingaben in eine Datei schreiben

```python
with open('user_input.txt', 'w') as file:
    while True:
        user_input = input("Geben Sie etwas ein (oder 'exit' zum Beenden): ")
        if user_input.lower() == 'exit':
            break
        file.write(user_input + '\n')
```

Lösung zu Übung 3: Dateiattribute anzeigen

```python
import os

file_name = input("Geben Sie den Dateinamen ein: ")
try:
    size = os.path.getsize(file_name)
    modification_time = os.path.getmtime(file_name)
    print(f"Dateigröße: {size} Bytes")
    print(f"Letzte Modifikation: {modification_time}")
except FileNotFoundError:
    print("Datei nicht gefunden.")
```

Lösung zu Übung 4: Durchsuchen von Verzeichnissen

```python
import os


directory = input("Geben Sie den Verzeichnispfad ein: ")
try:
    files = os.listdir(directory)
    for file in files:
        print(os.path.join(directory, file))
except FileNotFoundError:
    print("Verzeichnis nicht gefunden.")
```

Lösung zu Übung 5: Dateien nach Typ filtern

```python
import os


directory = input("Geben Sie den Verzeichnispfad ein: ")
file_type = input("Geben Sie den Dateityp ein (z.B. '.txt'): ")
try:
    files = os.listdir(directory)
    for file in files:
        if file.endswith(file_type):
            print(os.path.join(directory, file))
except FileNotFoundError:
    print("Verzeichnis nicht gefunden.")
```

Diese Lösungen bieten Ihnen praktische Beispiele, wie Sie Python nutzen können, um mit Dateien und Verzeichnissen effizient zu arbeiten und Benutzereingaben zu verarbeiten. Sie zeigen auch, wie Fehlerbehandlungen und Verzeichnisoperationen implementiert werden können, um robuste und benutzerfreundliche Programme zu erstellen.

Kapitel 9: Objektorientierte Programmierung

9.1 Grundlagen der OOP

Die objektorientierte Programmierung (OOP) ist ein Programmieransatz, der auf dem Prinzip von "Objekten" aufbaut. Diese Objekte enthalten sowohl Daten, die in Feldern gespeichert werden (oft als Attribute oder Eigenschaften bezeichnet), als auch Code, der in Form von Prozeduren vorliegt (oft als Methoden bezeichnet). OOP hilft bei der Organisation komplexer Programme, macht den Code wiederverwendbar und macht es einfacher, als Team zu arbeiten.

Kernkonzepte der OOP:

1. **Kapselung:** Sie kapselt Daten und die Funktionen, die die Daten manipulieren, zusammen in Einheiten namens Objekte. Dies schützt die Daten vor unerwartetem Zugriff und Missbrauch.

2. **Vererbung:** Sie ermöglicht es neuen Klassen, die Eigenschaften bestehender Klassen zu übernehmen. Dies fördert die Wiederverwendung von Code und kann die Implementierung von komplexen Systemen vereinfachen.

3. **Polymorphismus:** Ermöglicht das Überschreiben von Methoden, wodurch Objekte verschiedener Klassen in der gleichen Weise behandelt werden können. Dies unterstützt die Flexibilität und Wiederverwendbarkeit von Code.

4. **Abstraktion:** Erlaubt es dem Programmierer, komplexe Strukturen zu vereinfachen, indem nur relevante Informationen sichtbar gemacht werden. Dies hilft bei der Reduzierung der Komplexität und verbessert die Wartbarkeit des Codes.

Die OOP ist besonders nützlich in großen, komplexen Anwendungen, die aktiv gewartet und weiterentwickelt werden, und sie ist ein Standardansatz in vielen modernen Programmiersprachen, einschließlich Python, Java, C#, und vielen anderen.

Im folgenden Abschnitt dieses Kapitels werden wir die praktische Anwendung dieser Konzepte in Python durchgehen, beginnend mit der Erstellung von Klassen und Objekten.

9.2 Klassen und Objekte erstellen

In der objektorientierten Programmierung (OOP) sind Klassen und Objekte grundlegende Konzepte. Eine Klasse ist eine Vorlage oder ein Bauplan, der definiert, welche Daten und Methoden ihre Objekte haben sollten. Objekte sind Instanzen dieser Klassen und repräsentieren die tatsächlichen Einheiten im Programm.

Erstellen einer Klasse in Python:

- Eine Klasse wird in Python mit dem Schlüsselwort **class** definiert, gefolgt vom Namen der Klasse und einem Doppelpunkt. Der Körper der Klasse enthält Definitionen von Methoden (Funktionen) und eventuell Datenattribute (Variablen).

Beispiel für eine einfache Klasse:

class Hund:

```python
def __init__(self, name, alter):
    self.name = name
    self.alter = alter

def bellen(self):
    return "Wuff!"
```

In diesem Beispiel definiert die Klasse **Hund** zwei Attribute (**name** und **alter**) und eine Methode **bellen()**. Die **__init__** Methode ist eine spezielle Art von Methode, die als Konstruktor bezeichnet wird und immer dann aufgerufen wird, wenn ein neues Objekt einer Klasse erzeugt wird.

Erstellen von Objekten:

- Ein Objekt wird erstellt, indem der Klassenname gefolgt von Argumenten, die der Konstruktor benötigt, aufgerufen wird.

Beispiel für das Erstellen eines Objekts:

```python
mein_hund = Hund("Rex", 5)

print(mein_hund.bellen())  # Gibt "Wuff!" aus
```

Hier wird ein Objekt **mein_hund** der Klasse **Hund** erstellt. Der Konstruktor der Klasse wird automatisch aufgerufen mit den Werten "Rex" und 5 für die Attribute **name** und **alter**.

Zugriff auf Attribute und Methoden:

- Auf die Attribute und Methoden eines Objekts wird zugegriffen, indem der Objektname gefolgt von einem Punkt und dem Attribut- oder Methodennamen verwendet wird.

```python
print(mein_hund.name)  # Gibt "Rex" aus

print(mein_hund.alter)  # Gibt 5 aus
```

Die Verwendung von Klassen und Objekten ermöglicht es, den Code organisiert, wiederverwendbar und leicht wartbar zu halten. Diese Prinzipien helfen dabei, reale Entitäten im Programmcode durch Objekte zu modellieren, deren Verhalten durch die Klassen definiert ist, denen sie angehören. In den folgenden Abschnitten dieses Kapitels werden wir weitere fortgeschrittene Konzepte der OOP wie Vererbung, Polymorphismus und Kapselung in Python erkunden.

9.3 Methoden und Attribute

In der objektorientierten Programmierung (OOP) spielen Methoden und Attribute eine zentrale Rolle. Sie definieren das Verhalten und die Daten eines Objekts und sind wesentliche Bestandteile jeder Klasse.

Attribute:

- Attribute sind Variablen, die einem Objekt zugeordnet sind und seinen Zustand repräsentieren. In Python werden Attribute oft in der **__init__**-Methode definiert, welche beim Erstellen eines Objekts aufgerufen wird.

Beispiel für Attribute:

```
class Auto:

    def __init__(self, marke, modell):

        self.marke = marke  # Attribute der Klasse

        self.modell = modell
```

In diesem Beispiel sind **marke** und **modell** Attribute der Klasse **Auto**. Jedes Objekt der Klasse **Auto** wird mit diesen Attributen initialisiert, die dann individuell für jedes Objekt gesetzt werden können.

Methoden:

- Methoden sind Funktionen, die innerhalb einer Klasse definiert werden und das Verhalten der Objekte dieser Klasse beschreiben. Methoden operieren auf den Daten (Attributen), die innerhalb der Objekte gespeichert sind.

Beispiel für Methoden:

```
class Auto:

    def __init__(self, marke, modell):

        self.marke = marke

        self.modell = modell


    def zeige_info(self):

        return f"Marke: {self.marke}, Modell: {self.modell}"
```

Die Methode **zeige_info** in der Klasse **Auto** gibt eine formatierte Zeichenkette zurück, die die Marke und das Modell des Autos anzeigt.

Zugriffsmodifikatoren:

- In Python gibt es keine eingebauten Zugriffsmodifikatoren wie **private**, **protected** oder **public** wie in einigen anderen Sprachen (z.B. Java). Stattdessen folgt Python einer Konvention, bei der Attribute, die mit einem Unterstrich beginnen, als nicht öffentlich betrachtet werden (z.B. _attribut). Diese sind nur für den internen Gebrauch innerhalb der Klasse vorgesehen.

Beispiel für private Attribute:

```
class Auto:

    def __init__(self, marke, modell):

        self._marke = marke  # als privat angesehenes Attribut

        self._modell = modell


    def _interne_methode(self):

        # Diese Methode ist nicht für die externe Nutzung gedacht

        return f"Interne Info: {self._marke}"
```

Hier wird **_marke** und **_interne_methode** als privat betrachtet. Obwohl sie technisch von außen zugänglich sind, signalisiert der Unterstrich, dass sie nicht von außerhalb der Klasse verwendet werden sollten.

Das Verständnis von Methoden und Attributen sowie deren richtige Anwendung ist entscheidend für das Design effektiver Klassen in der objektorientierten Programmierung. Diese Konzepte ermöglichen es Entwicklern, komplexe Software-Systeme zu entwerfen, die gut organisiert und leicht zu warten sind.

9.4 Vererbung

Vererbung ist ein zentrales Konzept der objektorientierten Programmierung (OOP), das es einer Klasse ermöglicht, Attribute und Methoden von einer anderen Klasse zu erben. Dieses Prinzip unterstützt die Wiederverwendung von Code und die Realisierung einer hierarchischen Klassifikation.

Grundkonzept der Vererbung:

- **Superklasse (Basisklasse):** Die Klasse, von der Eigenschaften und Methoden geerbt werden.
- **Subklasse (abgeleitete Klasse):** Die Klasse, die Eigenschaften und Methoden von einer oder mehreren Superklassen erbt.

Implementierung der Vererbung in Python:

- Eine Subklasse wird definiert, indem man in der Klassendefinition in Klammern die Superklasse angibt.

Beispiel für eine einfache Vererbung:

```
class Tier:

    def __init__(self, art):

        self.art = art


    def zeige_art(self):
```

```python
        return f"Art: {self.art}"


class Hund(Tier):
    def bellen(self):
        return "Wuff!"
```

In diesem Beispiel erbt die Klasse **Hund** von der Klasse **Tier**. **Hund** hat Zugriff auf die Methoden der Klasse **Tier**, was bedeutet, dass Instanzen von **Hund** die Methode **zeige_art()** aufrufen können, zusätzlich zu ihrer eigenen Methode **bellen()**.

Erweiterte Vererbungskonzepte:

- **Mehrfachvererbung:** Python unterstützt auch Mehrfachvererbung, wobei eine Klasse von mehreren Superklassen erben kann.

- **Methodenüberschreibung (Overriding):** Eine Subklasse kann Methoden ihrer Superklasse überschreiben, indem sie eine Methode mit demselben Namen definiert. Dies ist nützlich, wenn das Verhalten einer Methode in der Subklasse spezifisch angepasst werden muss.

Beispiel für Methodenüberschreibung:

```python
class Katze(Tier):
    def zeige_art(self):
        return f"Diese Art ist eine {self.art} und sagt Miau!"
```

In diesem Beispiel überschreibt die Klasse **Katze** die Methode **zeige_art()** der Superklasse **Tier**. Obwohl beide Klassen die Methode **zeige_art()** haben, führt der Aufruf dieser Methode bei einem **Katze**-Objekt zu einer anderen Ausgabe als bei einem **Tier**-Objekt.

Nutzung der super() Funktion:

- Mit **super()** kann eine Subklasse auf Methoden der Superklasse zugreifen, die sie überschrieben hat. Dies ist besonders nützlich, wenn die Subklasse die Funktionalität der Superklasse erweitern, aber nicht vollständig ersetzen möchte.

Beispiel für die Verwendung von super():

```python
class Vogel(Tier):
    def __init__(self, art, flugfähig):
        super().__init__(art)
        self.flugfähig = flugfähig
```

```python
def zeige_art(self):

    basis_info = super().zeige_art()

    return f"{basis_info}, Flugfähig: {self.flugfähig}"
```

Hier ruft die Klasse **Vogel** den Konstruktor der Superklasse **Tier** auf, um das Attribut **art** zu initialisieren, und fügt ein zusätzliches Attribut **flugfähig** hinzu. Ebenso erweitert sie die Methode **zeige_art()** durch Hinzufügen zusätzlicher Informationen.

Vererbung erleichtert das Management komplexer Systeme, indem sie es ermöglicht, allgemeine Funktionalitäten in einer Basisklasse zu definieren und spezifische Details in abgeleiteten Klassen zu implementieren.

9.5 Polymorphismus

Polymorphismus ist ein weiteres Kernkonzept der objektorientierten Programmierung (OOP), das Flexibilität und Wiederverwendbarkeit im Code fördert. Das Wort "Polymorphismus" bedeutet "viele Formen" und bezieht sich in der OOP auf die Fähigkeit von Objekten verschiedener Klassen, auf die gleichen Methodenaufrufe zu reagieren, jede auf ihre eigene Art.

Konzepte des Polymorphismus:

- **Methoden-Overloading (nicht direkt in Python unterstützt):** Bezeichnet die Möglichkeit, innerhalb derselben Klasse mehrere Methoden mit demselben Namen aber unterschiedlichen Parametern zu definieren.

- **Methoden-Overriding:** Eine Subklasse verwendet denselben Methodennamen wie eine Superklasse, aber die Implementierung wird in der Subklasse verändert oder erweitert, um spezifisches Verhalten zu realisieren.

Polymorphismus durch Methoden-Overriding: Das Methoden-Overriding ermöglicht es einer abgeleiteten Klasse, eine spezifische Implementierung einer Methode zu bieten, die in der Basisklasse definiert ist. Dies ist ein klassisches Beispiel für Polymorphismus.

Beispiel für Polymorphismus:

```python
class Tier:

    def kommunizieren(self):

        print("Ein Tier macht ein Geräusch.")


class Hund(Tier):

    def kommunizieren(self):

        print("Der Hund bellt.")
```

```python
class Katze(Tier):

    def kommunizieren(self):

        print("Die Katze miaut.")
```

Verwendung des Polymorphismus:

```python
tiere = [Hund(), Katze(), Tier()]


for tier in tiere:

    tier.kommunizieren()
```

In diesem Beispiel ruft der gleiche Methodenaufruf **kommunizieren()** unterschiedliche Implementierungen auf, abhängig von der tatsächlichen Objektklasse (**Hund, Katze, Tier**). Dies zeigt, wie Polymorphismus in der Praxis funktioniert.

Vorteile des Polymorphismus:

- **Wartbarkeit:** Code, der Polymorphismus verwendet, ist einfacher zu warten und zu erweitern. Neue Klassen, die von bestehenden abgeleitet werden, können bestehende Methoden überschreiben, ohne den bestehenden Code zu beeinträchtigen.

- **Erweiterbarkeit:** Es ist leichter, neue Klassen hinzuzufügen, die das gleiche Interface verwenden, ohne bestehenden Code zu ändern.

- **Interoperabilität:** Objekte verschiedener Klassen können aufgrund ihrer gemeinsamen Schnittstellen ähnlich behandelt werden, was die Flexibilität in Systemen erhöht.

Polymorphismus ist ein mächtiges Werkzeug in der objektorientierten Programmierung, das dazu beiträgt, dass Systeme leichter zu verstehen, zu entwickeln und zu warten sind. Durch den Einsatz von polymorphen Strukturen können Entwickler robuste und erweiterbare Software erstellen, die bestehende Funktionalitäten effektiv nutzt und die Prinzipien der Wiederverwendung und Abstraktion fördert.

9.6 Kapselung

Kapselung (Encapsulation) ist ein fundamentales Konzept der objektorientierten Programmierung (OOP) und spielt auch in Python eine wichtige Rolle. Sie dient dazu, die Daten (Attribute) eines Objekts vor direktem Zugriff von außen zu schützen und die Interaktion mit diesen Daten über definierte Schnittstellen (Methoden) zu steuern.

Prinzipien der Kapselung:

- **Datenversteckung:** Durch Kapselung werden interne Zustände eines Objekts vor der direkten Manipulation geschützt. Dies wird in Python oft durch Präfixe wie _ (für geschützt) oder __ (für privat) bei Attributnamen signalisiert.

- **Schnittstellenbereitstellung:** Objekte stellen öffentliche Methoden bereit, die als die einzige Möglichkeit dienen sollten, ihre internen Daten zu lesen oder zu verändern. Diese Methoden bilden die Schnittstelle des Objekts zur Außenwelt und können zusätzliche Logik enthalten, um die Datenintegrität zu gewährleisten.

Beispiel für Kapselung in Python:

```python
class Bankkonto:

    def __init__(self, inhaber, saldo=0):

        self.inhaber = inhaber

        self.__saldo = saldo  # Privates Attribut


    def einzahlen(self, betrag):

        if betrag > 0:

            self.__saldo += betrag

            print(f"{betrag}€ eingezahlt.")

        else:

            print("Der Betrag muss positiv sein.")


    def abheben(self, betrag):

        if 0 < betrag <= self.__saldo:

            self.__saldo -= betrag

            print(f"{betrag}€ abgehoben.")

        else:

            print("Ungültiger Betrag.")


    def kontostand_anzeigen(self):

        return f"Kontostand: {self.__saldo}€"
```

In diesem Beispiel ist **__saldo** ein privates Attribut, das nicht direkt von außerhalb der Klasse **Bankkonto** zugänglich ist. Stattdessen werden Methoden wie **einzahlen**, **abheben** und **kontostand_anzeigen** bereitgestellt, um mit dem Saldo auf sichere Weise zu interagieren.

Vorteile der Kapselung:

- **Sicherheit:** Durch das Verbergen der internen Daten werden die Objekte sicherer und weniger anfällig für unbeabsichtigte oder böswillige Änderungen.

- **Wartbarkeit:** Kapselung fördert sauberen, gut organisierten Code, der einfacher zu warten und zu erweitern ist, da Änderungen an der internen Implementierung eines Objekts die anderen Teile des Programms nicht beeinträchtigen.

Kapselung ist somit ein Eckpfeiler guter Softwareentwicklung, der zur Erstellung robuster, sicherer und wartbarer Anwendungen beiträgt.

9.7 Praktische Übungen

Um die Konzepte der objektorientierten Programmierung (OOP) zu festigen, hier einige praktische Übungen, die das Erstellen und Manipulieren von Klassen und Objekten in Python betreffen.

Übung 1: Klassenerstellung

- Erstellen Sie eine Klasse namens **Buch**, die Attribute wie **titel**, **autor** und **jahr** hat. Implementieren Sie eine Methode **zeige_info()**, die eine Beschreibung des Buches zurückgibt.

Übung 2: Vererbung nutzen

- Definieren Sie eine Klasse **EBook**, die von der Klasse **Buch** erbt. Fügen Sie ein zusätzliches Attribut **dateiformat** hinzu und überschreiben Sie die Methode **zeige_info()**, um auch das Dateiformat anzuzeigen.

Übung 3: Polymorphismus anwenden

- Erstellen Sie eine Funktion **beschreibe_tier()**, die als Parameter ein Objekt einer Klasse **Tier** oder einer davon abgeleiteten Klasse erwartet. Die Funktion soll die Methode **kommunizieren()** des Tieres aufrufen. Testen Sie die Funktion mit verschiedenen Tierklassen, die **kommunizieren()** unterschiedlich implementieren.

Übung 4: Kapselung verwenden

- Modifizieren Sie die Klasse **Buch**, indem Sie **titel**, **autor** und **jahr** als private Attribute kennzeichnen. Stellen Sie sicher, dass auf diese Attribute nur über öffentliche Methoden zugegriffen werden kann.

Übung 5: Erweiterte Objektinteraktion

- Schreiben Sie eine Klasse **Bibliothek**, die mehrere **Buch**-Objekte in einer Liste speichert. Implementieren Sie Methoden zum Hinzufügen, Entfernen und Suchen von Büchern in der Bibliothek.

9.8 Lösungen zu den praktischen Übungen

Hier sind die Lösungen zu den Übungen aus Kapitel 9, die sich mit verschiedenen Aspekten der objektorientierten Programmierung in Python befassen.

Lösung zu Übung 1: Klassenerstellung

```python
class Buch:

    def __init__(self, titel, autor, jahr):

        self.titel = titel

        self.autor = autor

        self.jahr = jahr


    def zeige_info(self):

        return f"{self.titel}, geschrieben von {self.autor} im Jahr {self.jahr}"
```

Lösung zu Übung 2: Vererbung nutzen

```python
class EBook(Buch):

    def __init__(self, titel, autor, jahr, dateiformat):

        super().__init__(titel, autor, jahr)

        self.dateiformat = dateiformat


    def zeige_info(self):

        basis_info = super().zeige_info()

        return f"{basis_info}, Format: {self.dateiformat}"
```

Lösung zu Übung 3: Polymorphismus anwenden

```python
class Tier:

    def kommunizieren(self):

        print("Ein Tier macht ein Geräusch")


class Hund(Tier):

    def kommunizieren(self):

        print("Der Hund bellt")
```

```python
def beschreibe_tier(tier):
    tier.kommunizieren()


hund = Hund()
beschreibe_tier(hund)
```

Lösung zu Übung 4: Kapselung verwenden

```python
class Buch:
    def __init__(self, titel, autor, jahr):
        self.__titel = titel
        self.__autor = autor
        self.__jahr = jahr

    def get_titel(self):
        return self.__titel

    def get_autor(self):
        return self.__autor

    def get_jahr(self):
        return self.__jahr
```

Lösung zu Übung 5: Erweiterte Objektinteraktion

```python
class Bibliothek:
    def __init__(self):
        self.buecher = []

    def buch_hinzufuegen(self, buch):
        self.buecher.append(buch)
```

```python
def buch_entfernen(self, buch):
    self.buecher.remove(buch)


def buch_suchen(self, titel):
    for buch in self.buecher:
        if buch.get_titel() == titel:
            return buch
    return None
```

Diese Lösungen demonstrieren, wie Sie objektorientierte Prinzipien in Python anwenden können, um sauberen und effizienten Code zu schreiben. Sie zeigen, wie Klassen und Objekte definiert und verwendet werden, um modulare und wiederverwendbare Software zu entwickeln.

Kapitel 10: Einführung in Programmierprojekte

10.1 Ein Programm entwerfen

Der Entwurf eines Programms ist der erste und einer der wichtigsten Schritte bei der Entwicklung von Software. Ein gut durchdachter Entwurf kann die Effizienz der Entwicklung erhöhen und hilft, Fehler und Missverständnisse in späteren Phasen des Projekts zu minimieren.

Grundlegende Schritte beim Entwerfen eines Programms:

1. **Anforderungsanalyse:**

   - Zuerst müssen die Anforderungen des Programms gründlich verstanden und definiert werden. Dazu gehören die Bedürfnisse der Benutzer, die Ziele des Programms und die Bedingungen, unter denen das Programm arbeiten soll.

2. **Spezifikation:**

   - Nach der Analyse der Anforderungen werden diese in eine detaillierte Spezifikation überführt. Diese Spezifikation sollte klar definieren, was das Programm tun soll, ohne jedoch festzulegen, wie es implementiert wird.

3. **Architektonisches Design:**

   - Hier wird die grobe Struktur des Programms entworfen. Dies beinhaltet die Entscheidung über die Hauptkomponenten des Systems und deren Interaktionen. Hier wird oft ein hoher Wert auf die Modularität gelegt, um die Wartbarkeit und Erweiterbarkeit des Programms zu fördern.

4. **Detailliertes Design:**

   - In diesem Schritt werden die internen Details jeder Komponente des Systems ausgearbeitet. Dazu gehört die genaue Festlegung der Algorithmen und Datenstrukturen.

5. **Tool- und Technologieauswahl:**

   - Entscheiden Sie, welche Programmiersprachen, Frameworks, Datenbanken und andere Technologien verwendet werden sollen, um die beste Leistung und Kompatibilität für das Projekt zu gewährleisten.

Best Practices im Softwareentwurf:

- **Klarheit und Einfachheit:** Ein gutes Design sollte einfach und verständlich sein, um Komplexität zu minimieren und die Umsetzung zu erleichtern.

- **Wiederverwendbarkeit:** Komponenten sollten so gestaltet werden, dass sie in anderen Teilen des Programms oder sogar in anderen Programmen wiederverwendet werden können.

- **Flexibilität:** Ein guter Entwurf sollte Änderungen und Erweiterungen ohne große Überarbeitung ermöglichen.

- **Skalierbarkeit:** Das Design sollte es dem Programm ermöglichen, mit der Zeit zu wachsen, sei es durch erhöhte Datenmengen, Benutzerzahlen oder beides.

Ein durchdachter Entwurf ist das Fundament für die erfolgreiche Entwicklung und Wartung eines Programms und spielt eine entscheidende Rolle in der gesamten Softwareentwicklung. Im nächsten Abschnitt werden wir die verschiedenen Phasen des Softwaredesigns detaillierter betrachten.

10.2 Phasen des Softwaredesigns

Softwaredesign ist ein mehrstufiger Prozess, der darauf abzielt, die Struktur eines Softwareprojekts sorgfältig zu planen. Dies umfasst die Vorbereitung der Softwarearchitektur bis hin zur detaillierten Planung der einzelnen Komponenten. Hier sind die typischen Phasen des Softwaredesigns:

1. Anforderungserhebung und -analyse:

- In dieser Phase werden die Anforderungen des Endbenutzers ermittelt und analysiert. Dies geschieht oft durch Meetings, Fragebögen oder Feedback-Sitzungen mit Stakeholdern. Das Ziel ist, ein klares Verständnis der benötigten Funktionen, Leistungsanforderungen und Betriebsumgebungen zu entwickeln.

2. Systemspezifikation:

- Auf Basis der gesammelten Anforderungen wird eine detaillierte Systemspezifikation erstellt. Diese Spezifikation beschreibt, was das System tun soll, jedoch nicht wie es dies tun soll. Sie dient als Leitfaden für das gesamte Projekt.

3. Architekturentwurf:

- Hier wird die Grobstruktur des Systems entwickelt. Entscheidungen über die Hauptsystemkomponenten und deren Interaktionen werden getroffen. Ziel ist es, eine robuste Architektur zu entwickeln, die alle Anforderungen erfüllt und gleichzeitig effizient und wartbar bleibt.

4. Komponenten-Design:

- Nachdem die Architektur festgelegt wurde, wird jedes einzelne Modul oder jede Komponente des Systems im Detail entworfen. Dies schließt die Auswahl geeigneter Algorithmen und Datenstrukturen mit ein.

5. Datenstruktur-Design:

- In dieser Phase werden die Datenstrukturen und Datenbanken entworfen, die zur Speicherung und Abfrage der Daten benötigt werden. Das Design muss effizient, skalierbar und sicher sein.

6. Schnittstellendesign:

- Die Schnittstellen zwischen den verschiedenen Komponenten des Systems werden definiert. Dies beinhaltet sowohl interne Schnittstellen (zwischen verschiedenen Modulen der Software) als auch externe Schnittstellen (zum Beispiel APIs für andere Software).

7. Prototyping:

- Oft wird ein Prototyp entwickelt, um das Design zu testen und zu verifizieren. Dies hilft dabei, Designfehler früh zu erkennen und Feedback von Benutzern einzuholen, bevor die vollständige Entwicklung beginnt.

8. Überprüfung und Validierung:

- Bevor mit der eigentlichen Entwicklung begonnen wird, wird das Design überprüft und validiert, um sicherzustellen, dass es alle Anforderungen erfüllt. Dies kann durch Design-Reviews und Validierungstests geschehen.

Jede dieser Phasen ist entscheidend für den Erfolg eines Softwareprojekts. Durch gründliche Planung und schrittweise Verfeinerung des Designs können Entwickler sicherstellen, dass das Endprodukt funktional, effizient und wartungsfreundlich ist. In der nächsten Phase betrachten wir, wie Pseudocode beim Designprozess helfen kann, indem er eine Brücke zwischen der Planung und der eigentlichen Codierung schlägt.

10.3 Schreiben von Pseudocode

Pseudocode ist ein Werkzeug, das verwendet wird, um die Logik eines Programms in einfacher, leicht verständlicher Sprache zu beschreiben. Er spielt eine wichtige Rolle im Designprozess von Software, da er Entwicklern hilft, Algorithmen unabhängig von einer spezifischen Programmiersprache zu formulieren und zu strukturieren.

Ziele des Pseudocodes:

- **Kommunikation:** Pseudocode ermöglicht es, komplexe Logik klar und verständlich darzustellen, sodass sie auch von Personen, die nicht mit der spezifischen Programmiersprache vertraut sind, leicht verstanden werden kann.

- **Planung:** Er hilft bei der Planung der Implementierung, indem er die notwendigen Schritte in einer strukturierten Form auflistet.

- **Fehlervermeidung:** Durch das Durchdenken der Logik in Pseudocode vor dem tatsächlichen Codieren können Fehler frühzeitig erkannt und vermieden werden.

Eigenschaften von gutem Pseudocode:

- **Sprachunabhängig:** Er sollte keine Syntax einer speziellen Programmiersprache verwenden, sondern allgemeinverständliche Ausdrücke.

- **Strukturiert:** Pseudocode sollte eine klare Struktur haben, die der des geplanten Codes entspricht, inklusive Schleifen, Verzweigungen und anderen Steuerstrukturen.

- **Konzis:** Er sollte präzise und auf das Wesentliche beschränkt sein, ohne unnötige Details.

Beispiel für Pseudocode:

(plaintext)

Algorithmus zum Finden des größten Elements in einer Liste:

Eingabe: Eine Liste von Zahlen

Ausgabe: Die größte Zahl in der Liste

BEGINN

Setze das größte Element auf das erste Element der Liste

FÜR jedes Element in der Liste:

    WENN das Element größer ist als das größte Element:

        Setze das größte Element auf dieses Element

ENDE FÜR

Gib das größte Element zurück

ENDE

Tipps für das Schreiben von Pseudocode:

- **Verwenden Sie beschreibende Namen:** Die Namen für Variablen und Funktionen sollten beschreiben, was sie halten oder tun.

- **Halten Sie es einfach:** Vermeiden Sie komplexe Logik, die schwer zu verstehen ist. Der Pseudocode soll helfen, die Logik zu vereinfachen, nicht sie zu komplizieren.

- **Verwenden Sie Einrückungen:** Wie in echtem Code helfen Einrückungen dabei, die Struktur des Pseudocodes klar zu machen, besonders bei verschachtelten Strukturen wie Schleifen und Bedingungen.

Das Schreiben von Pseudocode ist ein kritischer Schritt in der frühen Phase der Softwareentwicklung und kann als eine Brücke zwischen der initialen Konzeptualisierung und der eigentlichen Programmierung angesehen werden. Es ist ein effektives Mittel, um sicherzustellen, dass das entwickelte Programm sowohl den Anforderungen entspricht als auch technisch umsetzbar ist.

10.4 Entwicklung kleiner Projekte

Die Entwicklung kleiner Projekte spielt eine wichtige Rolle im Lernprozess eines jeden Programmierers. Solche Projekte bieten die Gelegenheit, theoretische Kenntnisse praktisch anzuwenden, Problemlösungsfähigkeiten zu schärfen und die eigene Fähigkeit, sauberen und effizienten Code zu schreiben, zu verbessern.

Vorteile der Entwicklung kleiner Projekte:

- **Lernerfahrung:** Durch das Arbeiten an kleinen Projekten können Entwickler neue Programmiersprachen und Technologien in einem kontrollierten und überschaubaren Umfeld erlernen.

- **Problembehandlung:** Kleine Projekte ermöglichen es, sich mit spezifischen Problemen auseinanderzusetzen und für diese Lösungen zu finden.

- **Portfolioaufbau:** Für angehende Entwickler bieten kleine Projekte eine großartige Möglichkeit, ein Portfolio aufzubauen, das potenziellen Arbeitgebern vorgestellt werden kann.

Schritte zur Entwicklung kleiner Projekte:

1. **Idee finden:** Beginnen Sie mit einer einfachen Idee, die sich gut umsetzen lässt. Dies könnte ein einfaches Tool, eine kleine App oder ein Automatisierungsskript sein.

2. **Planung:** Erstellen Sie einen grundlegenden Plan oder ein Design für Ihr Projekt. Dies kann auch Pseudocode oder einfache Skizzen umfassen, um die grundlegende Funktionalität zu verdeutlichen.

3. **Entwicklung:** Beginnen Sie mit der Codierung. Setzen Sie sich dabei kleine, erreichbare Ziele und versuchen Sie, regelmäßig lauffähige Versionen Ihres Projekts zu erstellen.

4. **Testen:** Testen Sie Ihr Projekt gründlich, um sicherzustellen, dass es wie erwartet funktioniert. Achten Sie darauf, Fehler zu identifizieren und zu beheben.

5. **Dokumentation:** Schreiben Sie eine einfache Dokumentation, die erklärt, wie Ihr Projekt funktioniert und wie andere Benutzer es verwenden können.

6. **Feedback einholen:** Lassen Sie Ihr Projekt von anderen überprüfen. Feedback kann Ihnen helfen, Probleme zu erkennen und Ideen für Verbesserungen zu sammeln.

7. **Veröffentlichen:** Stellen Sie Ihr Projekt der Öffentlichkeit zur Verfügung, z.B. auf Plattformen wie GitHub. Dies ermöglicht es anderen, Ihr Projekt zu sehen, zu verwenden und eventuell dazu beizutragen.

Projektideen für Anfänger:

- **To-Do-Listen-App:** Eine einfache Web- oder Desktop-App, die es Benutzern ermöglicht, Aufgaben zu erstellen, zu bearbeiten und zu löschen.

- **Wetter-App:** Eine App, die Wetterdaten von einer öffentlichen API abruft und dem Benutzer aktuelle Wetterinformationen anzeigt.

- **Blog-System:** Ein einfaches Blog-System, bei dem Benutzer Beiträge schreiben, bearbeiten und löschen können.

Indem man sich regelmäßig mit kleinen Projekten beschäftigt, kann man kontinuierlich lernen und sich als Entwickler weiterentwickeln. Solche Projekte schärfen nicht nur technische Fähigkeiten, sondern verbessern auch das Verständnis für Projektmanagement und Softwareentwicklung im Allgemeinen.

10.5 Code-Dokumentation

Die Dokumentation von Code ist ein wesentlicher Bestandteil der Softwareentwicklung, der oft übersehen wird. Gute Dokumentation macht es anderen Entwicklern leichter zu verstehen, was der Code macht, wie er benutzt wird, und wie man ihn bei Bedarf erweitert oder wartet. Sie dient nicht nur der Kommunikation zwischen den aktuellen Teammitgliedern, sondern auch als Hilfestellung für zukünftige Entwickler, die mit dem Code arbeiten könnten.

Wichtige Aspekte der Code-Dokumentation:

1. **Kommentare im Code:**

   - **Inline-Kommentare:** Kleine Kommentare im Code, die spezifische Aspekte erklären. Sie sollten sparsam verwendet werden, um die Lesbarkeit nicht zu beeinträchtigen.

   - **Blockkommentare:** Größere Kommentarblöcke am Anfang von Dateien oder Funktionen, die den Zweck und die Funktionsweise des Codes erläutern.

2. **API-Dokumentation:**

- Dokumentation der öffentlichen Schnittstellen (APIs) für diejenigen, die mit dem Code interagieren, ohne in die Details der Implementierung eintauchen zu müssen. Tools wie Javadoc für Java oder Docstrings in Python können dabei helfen, die API-Dokumentation direkt im Code zu verankern und automatisch Dokumentationsseiten zu generieren.

3. **Entwicklerdokumentation:**

   - Umfassendere Dokumente, die Architekturüberblicke, Setup-Prozesse, Teststrategien und mehr enthalten. Diese Art von Dokumentation ist besonders wichtig in größeren Projekten oder wenn der Code besonders komplex ist.

4. **Benutzerdokumentation:**

   - Handbücher und Anleitungen für Endbenutzer, die erklären, wie man die Software installiert, konfiguriert und verwendet. Diese ist besonders wichtig für fertige Produkte und kommerzielle Software.

Best Practices für effektive Code-Dokumentation:

- **Aktualität:** Die Dokumentation sollte stets aktuell gehalten werden. Veraltete Dokumentation kann mehr Schaden anrichten als gar keine.

- **Klarheit:** Verwenden Sie deutliche und genaue Sprache, um Missverständnisse zu verhindern.

- **Zugänglichkeit:** Stellen Sie sicher, dass die Dokumentation leicht zugänglich ist, idealerweise direkt im oder neben dem Code selbst.

- **Konsistenz:** Verwenden Sie ein konsistentes Format für alle Dokumentationsmaterialien, um die Lesbarkeit und Verständlichkeit zu verbessern.

Tools zur Unterstützung der Dokumentation:

- **Doxygen:** Ein Werkzeug, das aus speziell formatierten Kommentaren eine HTML- oder LaTeX-Dokumentation generieren kann. Es wird häufig für C++, C, und Java verwendet.

- **Sphinx:** Ein Werkzeug, das speziell für die Dokumentation von Python-Projekten verwendet wird, kann aber auch für andere Sprachen eingesetzt werden. Es unterstützt die Konversion von Docstrings in umfassende Dokumentationsseiten.

Effektive Dokumentation ist ein Zeichen für Professionalität und Rücksichtnahme in der Softwareentwicklung. Sie trägt dazu bei, dass Software langlebig, wartbar und benutzerfreundlich bleibt. Im nächsten Abschnitt werden wir uns mit der Wichtigkeit und den Methoden des Code-Tests auseinandersetzen.

10.6 Code-Tests

Code-Tests sind ein unverzichtbarer Bestandteil der Softwareentwicklung. Sie helfen dabei, die Zuverlässigkeit und Stabilität der Software zu gewährleisten, indem sie sicherstellen, dass der Code wie vorgesehen funktioniert und Änderungen im Code keine unbeabsichtigten Nebeneffekte haben.

Wichtige Arten von Code-Tests:

1. **Unit Tests:**

   - Prüfen die kleinste testbare Einheit eines Programms, üblicherweise Funktionen oder Methoden, isoliert von externen Abhängigkeiten. Tools wie JUnit für Java, pytest für Python und NUnit für .NET sind beliebt für das Schreiben von Unit Tests.

2. **Integrationstests:**

   - Überprüfen die Interaktionen zwischen Komponenten oder Systemen. Diese Tests sind besonders wichtig, um sicherzustellen, dass verschiedene Teile der Software effektiv zusammenarbeiten.

3. **Systemtests:**

   - Betrachten das gesamte System unter Bedingungen, die möglichst nah an der realen Nutzungsumgebung sind. Hier wird geprüft, ob das Gesamtsystem den Spezifikationen entspricht und die Bedürfnisse der Nutzer erfüllt.

4. **Akzeptanztests:**

   - Oft von den Endnutzern durchgeführt, um zu überprüfen, ob das System ihren Anforderungen entspricht. Diese können formell oder informell sein und sind häufig der letzte Test vor der Freigabe der Software.

Best Practices für effektives Testen:

- **Automatisierung:** Automatisierte Tests können regelmäßig und konsistent durchgeführt werden. Automatisierung spart Zeit und reduziert menschliche Fehler.

- **Kontinuierliche Integration:** Integrieren Sie Tests in den Prozess der kontinuierlichen Integration (CI), um Probleme so früh wie möglich zu erkennen.

- **Testabdeckung:** Eine hohe Testabdeckung allein garantiert keine fehlerfreie Software, aber sie kann helfen, kritische Fehler in den Funktionalitäten aufzudecken. Tools wie Codecov und Coveralls bieten Einblicke in die Testabdeckung.

- **Regelmäßige Überprüfung und Wartung der Tests:** Tests sollten regelmäßig überprüft und gewartet werden, um ihre Relevanz und Effektivität zu gewährleisten.

Tools und Frameworks für das Testen:

- **JUnit/TestNG für Java:** Bieten umfassende Möglichkeiten für das Schreiben und Verwalten von Tests.

- **pytest für Python:** Bekannt für seine einfache Syntax und mächtige Funktionen für das Schreiben von einfachen bis komplexen Tests.

- **Mocha und Jest für JavaScript:** Beliebt in der JavaScript-Community für Frontend- und Backend-Tests.

Durch das konsequente Anwenden dieser Praktiken und Tools können Entwickler Software erstellen, die nicht nur funktional, sondern auch robust und zuverlässig ist. Im nächsten Abschnitt werden wir praktische Übungen durchführen, um das Verständnis und die Anwendung dieser Testkonzepte zu vertiefen.

10.7 Praktische Übungen

Diese praktischen Übungen sollen die Konzepte vertiefen, die in den vorherigen Abschnitten dieses Kapitels über die Entwicklung von Programmierprojekten und das Testen von Code behandelt wurden. Die Übungen sind so konzipiert, dass sie ein besseres Verständnis für das Design, die Implementierung und die Qualitätssicherung von Software bieten.

Übung 1: Unit Tests schreiben

- Schreiben Sie Unit Tests für eine einfache Klasse oder Funktion, die Sie bereits entwickelt haben, oder erstellen Sie eine neue Klasse. Zum Beispiel eine Klasse **Rechner**, die grundlegende arithmetische Operationen wie Addition und Subtraktion durchführt.

Übung 2: Integrationstest erstellen

- Entwickeln Sie einen Integrationstest, der die Zusammenarbeit zwischen zwei Klassen überprüft. Zum Beispiel könnte eine Klasse **Datenbank** und eine Klasse **Anwendung** erstellt werden, wobei **Anwendung** Daten in **Datenbank** speichert und abruft.

10.8 Lösungen zu den praktischen Übungen

Hier sind die Lösungen zu den Übungen aus Kapitel 10, die darauf abzielen, die praktische Anwendung von Entwicklungs- und Testmethoden in der Softwareentwicklung zu vertiefen.

Lösung zu Übung 1: Unit Tests schreiben

```python
class Rechner:
    def addieren(self, x, y):
        return x + y

    def subtrahieren(self, x, y):
        return x - y


# Unit Tests
import unittest


class TestRechner(unittest.TestCase):
    def setUp(self):
        self.calc = Rechner()

    def test_addieren(self):
        self.assertEqual(self.calc.addieren(4, 5), 9)

    def test_subtrahieren(self):
        self.assertEqual(self.calc.subtrahieren(10, 5), 5)


if __name__ == '__main__':
    unittest.main()
```

Lösung zu Übung 2: Integrationstest erstellen

```python
class Datenbank:
    def __init__(self):
        self.data = {}

    def speichern(self, key, value):
        self.data[key] = value

    def abrufen(self, key):
        return self.data.get(key)


class Anwendung:
    def __init__(self, db):
        self.db = db

    def speichern_und_abrufen(self, key, value):
        self.db.speichern(key, value)
        return self.db.abrufen(key)


# Integrationstest
import unittest

class TestAnwendung(unittest.TestCase):
    def test_speichern_und_abrufen(self):
        db = Datenbank()
        app = Anwendung(db)
        self.assertEqual(app.speichern_und_abrufen('test', 'wert'), 'wert')


if __name__ == '__main__':
    unittest.main()
```

Kapitel 11: Entwicklungswerkzeuge

11.1 Einführung in Entwicklungswerkzeuge

Entwicklungswerkzeuge sind essenziell für jeden Softwareentwickler. Sie verbessern die Produktivität, erleichtern das Management von Codebasen und helfen, Fehler schneller zu finden und zu beheben. Entwicklungswerkzeuge können in verschiedene Kategorien unterteilt werden, darunter Texteditoren, Integrierte Entwicklungsumgebungen (IDEs), Versionskontrollsysteme, Debugging-Tools und automatisierte Testwerkzeuge.

Warum sind Entwicklungswerkzeuge wichtig?

- **Effizienz:** Werkzeuge wie IDEs bieten Funktionen wie Autovervollständigung, Syntaxhervorhebung und Code-Vorschläge, die die Codierung schneller und effizienter machen.

- **Qualitätssicherung:** Versionskontrollsysteme ermöglichen es Teams, Änderungen nachzuvollziehen und sicherzustellen, dass Änderungen den Code nicht negativ beeinflussen. Tools für automatisiertes Testen helfen, die Softwarequalität durch regelmäßige Tests zu sichern.

- **Fehlerbehebung:** Debugging-Tools ermöglichen es Entwicklern, tief in den Code einzutauchen, Probleme zu isolieren und zu verstehen, was hinter den Kulissen passiert.

Die Auswahl der richtigen Werkzeuge ist entscheidend für den Erfolg eines Entwicklungsprojekts. In den folgenden Abschnitten werden wir die verschiedenen Arten von Entwicklungswerkzeugen und deren Anwendungsbereiche detailliert betrachten.

11.2 IDEs und Texteditoren

Integrierte Entwicklungsumgebungen (IDEs) und Texteditoren sind zentrale Werkzeuge im Softwareentwicklungsprozess. Sie bieten die notwendige Plattform, um Code zu schreiben, zu bearbeiten, zu debuggen und zu verwalten. Während Texteditoren oft leichtgewichtig und flexibel sind, bieten IDEs eine umfassende Suite von Entwicklungstools in einer integrierten Umgebung.

Texteditoren:

- **Eigenschaften:** Texteditoren wie Sublime Text, Atom oder Vim bieten grundlegende Textbearbeitungsfunktionen, die durch Plugins oder Erweiterungen stark erweitert werden können. Sie sind beliebt für ihre Schnelligkeit, Anpassbarkeit und den geringen Overhead.

- **Anwendungsbereiche:** Texteditoren sind besonders nützlich für kleinere Projekte, schnelle Bearbeitungen oder bei der Entwicklung in Sprachen, die keine umfangreiche IDE erfordern.

Integrierte Entwicklungsumgebungen (IDEs):

- **Eigenschaften:** IDEs wie IntelliJ IDEA, Eclipse oder Visual Studio bieten neben der Textbearbeitung eine Vielzahl integrierter Entwicklungstools wie Compiler, Debugger, Codeanalyse-Tools und automatische Vervollständigung. Sie können auch direkt mit Datenbanksystemen, Versionierungssystemen und anderen Entwicklungstools interagieren.

- **Anwendungsbereiche:** IDEs sind ideal für größere Projekte, bei denen komplexe Programmiersprachen und -umgebungen beteiligt sind, die von den zusätzlichen Tools und Automatisierungen profitieren.

Vorteile von IDEs:

- **Produktivitätssteigerung:** Durch Features wie Syntaxhervorhebung, Code-Vervollständigung und sofortiges Feedback zu Code-Fehlern helfen IDEs Entwicklern, schneller und effizienter zu codieren.

- **Projektmanagement:** Viele IDEs bieten Tools zur Projektverwaltung, die es erleichtern, verschiedene Aspekte eines Softwareprojekts zu organisieren und zu verwalten.

- **Debugging:** Fortgeschrittene Debugging-Tools in IDEs ermöglichen es, Fehler schneller zu finden und zu beheben.

Vorteile von Texteditoren:

- **Flexibilität:** Texteditoren können leicht angepasst und für eine Vielzahl von Entwicklungsaufgaben verwendet werden. Durch das Hinzufügen von Plugins können Entwickler eine personalisierte Entwicklungsumgebung schaffen.

- **Leichtgewichtig:** Texteditoren sind in der Regel schneller und weniger ressourcenintensiv als IDEs, was sie ideal für weniger leistungsstarke Hardware oder für schnelle Änderungen macht.

Die Wahl zwischen einem Texteditor und einer IDE hängt von den spezifischen Anforderungen des Projekts, den persönlichen Vorlieben des Entwicklers und der Komplexität der Entwicklungsaufgaben ab. Beide Werkzeuge haben ihre Stärken und Schwächen und können je nach Kontext die effektivere Wahl sein. In vielen Fällen nutzen Entwickler sowohl IDEs als auch Texteditoren nebeneinander, um von den Vorteilen beider zu profitieren.

11.3 Versionskontrolle mit Git

Versionskontrolle ist ein unverzichtbares Werkzeug in der modernen Softwareentwicklung. Sie ermöglicht es Entwicklern, Änderungen am Code nachzuverfolgen, verschiedene Versionen eines Projekts zu verwalten und effektiv mit anderen an großen und kleinen Projekten zusammenzuarbeiten. Git ist dabei eines der populärsten Versionskontrollsysteme.

Grundlagen von Git:

- **Distributed Version Control:** Git ist ein verteiltes Versionskontrollsystem, was bedeutet, dass jeder Entwickler eine vollständige Kopie des Repositories lokal besitzt. Dies ermöglicht eine flexible und robuste Handhabung von Änderungen.

- **Effizienz und Flexibilität:** Git ist für seine Effizienz in der Handhabung großer Projekte sowie für seine Flexibilität in verschiedenen Workflow-Konfigurationen bekannt.

Kernkonzepte und Befehle in Git:

- **Repository:** Ein Git-Repository enthält alle Dateien und die komplette Historie der Änderungen. Ein Repository kann auf einem Server (z.B. GitHub, GitLab) gehostet oder lokal auf dem Rechner des Entwicklers gespeichert sein.

- **Commit:** Ein Commit in Git speichert eine Momentaufnahme der Änderungen im Repository. Jeder Commit wird durch eine eindeutige ID gekennzeichnet.

- **Branch:** Zweige (Branches) ermöglichen es, an verschiedenen Features oder Versionen eines Projekts gleichzeitig zu arbeiten, ohne den Hauptentwicklungszweig (meist **master** oder **main**) zu beeinträchtigen.

- **Merge:** Merging ist der Prozess, Änderungen aus einem Branch in einen anderen zu überführen. Dies ist oft ein kritischer Schritt in der Zusammenführung von Teambeiträgen.

- **Pull und Push:** Mit 'pull' werden Änderungen aus einem entfernten Repository abgerufen und lokal integriert. 'Push' sendet lokale Änderungen an ein entferntes Repository.

Vorteile der Nutzung von Git:

- **Kollaboration:** Git erleichtert die Zusammenarbeit mehrerer Entwickler an einem Projekt, indem es Werkzeuge für das Handling von Konflikten bei gleichzeitigen Änderungen bietet.

- **Nachverfolgbarkeit:** Alle Änderungen an den Dateien in einem Projekt werden in Git nachverfolgt, was die Analyse von Problemen und die Wiederherstellung früherer Zustände erleichtert.

- **Backup und Wiederherstellung:** Git-Repositories dienen als vollständige Backups, so dass Datenverluste minimiert werden und eine Wiederherstellung jederzeit möglich ist.

Best Practices in Git:

- **Regelmäßige Commits:** Häufige Commits mit klaren, aussagekräftigen Nachrichten erleichtern das Verständnis der Änderungshistorie.

- **Branching-Strategien:** Die Verwendung von strategischen Branching-Modellen wie Git Flow oder GitHub Flow hilft dabei, den Entwicklungsprozess zu strukturieren und zu optimieren.

- **Review-Prozesse:** Code Reviews vor dem Merging von Branches fördern die Codequalität und das Teilen von Wissen im Team.

Git hat sich als Standard in der Versionskontrolle etabliert und ist für jedes Softwareprojekt, von kleinen persönlichen Projekten bis hin zu großen Unternehmensanwendungen, praktisch unerlässlich.

11.4 GitHub: Repositorys erstellen

GitHub ist eine der weltweit führenden Plattformen für Softwareentwicklung, die auf Git basiert. Es ermöglicht Entwicklern, Projekte zu hosten, Code zu teilen und mit anderen zusammenzuarbeiten. Ein zentraler Bestandteil von GitHub ist das Repository, ein speicherort für Ihr Projekt, das die gesamte Versionsgeschichte jedes Datei enthält.

Schritte zum Erstellen eines Repositorys auf GitHub:

1. **GitHub-Konto erstellen:**

   - Zunächst benötigen Sie ein GitHub-Konto. Besuchen Sie github.com und registrieren Sie sich oder loggen Sie sich ein, falls Sie bereits ein Konto haben.

2. **Neues Repository erstellen:**

- Klicken Sie auf Ihrem GitHub-Dashboard auf die Schaltfläche „New repository" oder gehen Sie direkt zur Seite zum Erstellen eines neuen Repositorys.

3. **Repository-Details angeben:**

- **Repository Name:** Wählen Sie einen eindeutigen und aussagekräftigen Namen für Ihr Repository. Dieser Name wird in URLs verwendet.

- **Beschreibung (optional):** Geben Sie eine kurze Beschreibung Ihres Projekts ein.

- **Sichtbarkeit:** Wählen Sie zwischen öffentlich (jeder kann dieses Repository sehen) und privat (nur von Ihnen und von Ihnen eingeladenen Mitarbeitern zugänglich).

4. **Weitere Optionen:**

- **Initialize this repository with:**

  - **README-Datei:** Ein Markdown-Dokument, das Ihr Projekt beschreibt. Es ist guter Stil, ein README hinzuzufügen, da es anderen hilft zu verstehen, worum es in Ihrem Projekt geht.

  - **.gitignore-Datei:** Eine Textdatei, die Git anweist, bestimmte Dateien oder Verzeichnisse nicht zu verfolgen. Sie können eine Vorlage basierend auf Ihrer Programmiersprache oder Ihrem Framework auswählen.

  - **Lizenz:** Wählen Sie eine Lizenz für Ihr Projekt. Dies ist wichtig, um anderen zu erklären, was sie mit Ihrem Code machen dürfen und was nicht.

5. **Repository erstellen:**

- Klicken Sie auf „Create repository". Ihr neues Repository wird erstellt und ist bereit für die Nutzung.

Best Practices für GitHub-Repositories:

- **Regelmäßige Updates:** Halten Sie Ihr Repository aktuell durch regelmäßige Commits und klare Commit-Nachrichten.

- **Branching und Pull Requests:** Nutzen Sie Branches für neue Features oder Änderungen und Pull Requests für Code-Reviews, um die Qualität Ihres Projekts zu sichern.

- **Nutzung von Issues:** Verwenden Sie GitHub Issues, um Aufgaben zu verfolgen, Bugs zu melden und Feature-Requests zu organisieren.

Die Nutzung von GitHub für das Erstellen und Verwalten von Repositories bietet eine robuste Infrastruktur für die Zusammenarbeit an Softwareprojekten, egal ob im kleinen Team oder in großen Organisationen. Durch das Einrichten eines gut organisierten Repositorys auf GitHub können Sie die Sichtbarkeit Ihres Projekts erhöhen und effektiver mit anderen Entwicklern zusammenarbeiten.

11.5 Fortgeschrittenes Debugging

Fortgeschrittenes Debugging ist eine entscheidende Fähigkeit in der Softwareentwicklung, die weit über das einfache Finden und Beheben von Bugs hinausgeht. Es umfasst Techniken und Tools, die tiefere Einblicke in den laufenden Code bieten, um auch die komplexesten Fehler zu identifizieren und zu lösen.

Techniken für fortgeschrittenes Debugging:

1. **Zustandsüberprüfung:**

   - Einsatz von Assertions im Code, um sicherzustellen, dass der Zustand des Programms den Erwartungen entspricht. Assertions können helfen, Fehler frühzeitig zu erkennen, indem sie das Programm zum Absturz bringen, wenn eine Bedingung nicht erfüllt ist.

2. **Logging:**

   - Ausführliches Logging ist entscheidend, um zu verstehen, was ein Programm vor und nach dem Auftreten eines Fehlers tut. Tools wie Log4j für Java oder Python's logging Modul ermöglichen es, Log-Nachrichten auf verschiedenen Ebenen (z.B. INFO, WARNING, ERROR) zu erfassen.

3. **Remote Debugging:**

   - Bei Anwendungen, die auf einem Server oder in einer Cloud-Umgebung laufen, ermöglicht Remote Debugging den Zugriff auf den laufenden Prozess von einer Entwicklungsmaschine aus. Dies ist besonders nützlich für das Debuggen von Produktionsfehlern.

4. **Memory und Performance Profiling:**

   - Werkzeuge wie Valgrind oder GDB in Linux und die Profiling-Tools in Visual Studio für Windows helfen, Speicherlecks und Performance-Probleme zu identifizieren, indem sie detaillierte Informationen über Speichernutzung und Ausführungszeiten liefern.

5. **Konditionale Breakpoints:**

   - Fortgeschrittene Debugger erlauben das Setzen von konditionalen Breakpoints, die nur unter spezifischen Bedingungen aktiv werden. Dies reduziert die Notwendigkeit, manuell durch viele Iterationen zu steppen.

6. **Post-Mortem-Analyse:**

   - Wenn ein Programm abstürzt, können Dump-Dateien oder Core-Dumps analysiert werden, um den Zustand des Programms zum Zeitpunkt des Absturzes zu verstehen. Tools wie WinDbg für Windows oder lldb für macOS und Linux sind hierfür unerlässlich.

Wichtige Debugging-Tools:

- **Eclipse und IntelliJ IDEA für Java:** Beide IDEs bieten umfangreiche Debugging-Funktionen, einschließlich der Möglichkeit, den Code zur Laufzeit zu inspizieren und zu manipulieren.

- **Visual Studio für C# und C++:** Visual Studio ist bekannt für seine leistungsstarken Debugging-Tools, einschließlich Visualisierungen von Datenstrukturen und direkter Bearbeitung von Werten im Speicher.

- **Chrome DevTools für JavaScript:** Bietet umfangreiche Möglichkeiten zur Überprüfung und Debugging von Webanwendungen direkt im Browser.

Best Practices für fortgeschrittenes Debugging:

- **Systematischer Ansatz:** Entwickeln Sie eine systematische Herangehensweise an das Debugging, anstatt zufällig durch den Code zu navigieren. Dies beinhaltet das Verständnis des Datenflusses und der Architektur der Anwendung.

- **Dokumentation der Ergebnisse:** Halten Sie Ihre Beobachtungen und die Schritte, die Sie zur Lösung des Problems unternommen haben, sorgfältig fest. Dies kann in Zukunft hilfreich sein, ähnliche Probleme schneller zu lösen.

- **Kommunikation im Team:** Teilen Sie Ihre Erkenntnisse mit dem Team, besonders wenn die gefundene Lösung auch andere Teile des Projekts beeinflussen könnte.

Fortgeschrittenes Debugging erfordert Geduld und Präzision, aber mit den richtigen Werkzeugen und Techniken kann es erheblich vereinfacht werden. Ein tieferes Verständnis dieser Prozesse ist entscheidend, um die Qualität der Software zu sichern und die Entwicklungseffizienz zu steigern.

11.6 Automatisiertes Testen

Automatisiertes Testen ist eine Schlüsseltechnologie in der Softwareentwicklung, die dazu dient, die Zuverlässigkeit, Funktionalität und Stabilität einer Anwendung systematisch zu überprüfen. Durch die Automatisierung der Testverfahren können Softwareteams Tests häufiger und mit größerer Genauigkeit durchführen, was zur frühzeitigen Entdeckung von Fehlern und zur Verbesserung der Softwarequalität beiträgt.

Grundlagen des automatisierten Testens:

- **Reduzierung manueller Fehler:** Automatisierte Tests eliminieren menschliche Fehler in der Testausführung und sorgen für konsistente Ergebnisse.

- **Effizienz:** Sie ermöglichen es, eine große Anzahl von Tests in kurzer Zeit auszuführen, was besonders wichtig ist in kontinuierlichen Integrationsumgebungen.

- **Wiederverwendbarkeit:** Einmal geschriebene Testfälle können leicht für verschiedene Versionen der Software wiederverwendet werden.

Haupttypen von automatisierten Tests:

1. **Unit Tests:** Testen einzelne Komponenten oder Funktionen eines Programms, um sicherzustellen, dass sie korrekt funktionieren.

2. **Integrationstests:** Überprüfen, ob verschiedene Module oder Dienste korrekt zusammenarbeiten.

3. **Funktionstests:** Automatisieren von Benutzerinteraktionen mit der Anwendung, um sicherzustellen, dass sie wie vorgesehen funktioniert.

4. **Last- und Performancetests:** Simulieren von Hochlastszenarien, um zu überprüfen, wie die Anwendung unter Stressbedingungen funktioniert.

Beliebte Tools für automatisiertes Testen:

- **Selenium:** Ein Framework für das Testen von Webanwendungen, das Automatisierungsskripte bietet, die in verschiedenen Programmiersprachen geschrieben werden können.

- **JUnit:** Ein populäres Framework für das Schreiben und Ausführen von automatisierten Tests in Java.

- **TestNG:** Ähnlich wie JUnit, bietet aber zusätzliche Funktionalitäten und ist flexibler.

- **Cypress:** Ein modernes Testwerkzeug für das Ende-zu-Ende-Testing von Webanwendungen.

- **LoadRunner:** Ein Tool speziell für Performancetests, das dabei hilft, die Belastungsgrenzen einer Anwendung zu identifizieren.

Best Practices für automatisiertes Testen:

- **Testabdeckung maximieren:** Achten Sie darauf, eine hohe Abdeckung mit Ihren Tests zu erreichen, um möglichst viele Fehlerszenarien zu erfassen.

- **Früh im Entwicklungszyklus testen:** Beginnen Sie früh im Entwicklungsprozess mit dem Testen, um Fehler so früh wie möglich zu erkennen.

- **Regelmäßige Überprüfungen und Wartung:** Automatisierte Testskripte sollten regelmäßig überprüft und aktualisiert werden, um ihre Effektivität und Relevanz sicherzustellen.

Die Integration von automatisiertem Testen in den Softwareentwicklungsprozess ist entscheidend für die Entwicklung qualitativ hochwertiger Softwareprodukte. Sie nicht nur hilft, die Fehler früher zu erkennen und zu beheben, sondern unterstützt auch eine agile Entwicklungsumgebung, in der schnelle Iterationen und häufige Releases die Norm sind.

Kapitel 12: Python und das Web

12.1 Einführung in Webentwicklung

Die Webentwicklung bezeichnet die Erstellung von Anwendungen, die über das Internet zugänglich sind. Sie umfasst sowohl Frontend- (Client-Seite) als auch Backend-Entwicklung (Server-Seite). Python hat sich als eine der führenden Programmiersprachen in der Webentwicklung etabliert, dank seiner Einfachheit und Flexibilität sowie einer reichen Auswahl an Frameworks und Bibliotheken.

Komponenten der Webentwicklung:

1. **Frontend-Entwicklung:**

   - Betrifft die Gestaltung der Benutzeroberfläche, die die Benutzer direkt sehen und mit der sie interagieren. Technologien wie HTML, CSS und JavaScript sind hierbei zentral.

2. **Backend-Entwicklung:**

   - Bezieht sich auf den Server, die Anwendungslogik und Datenbankoperationen. Hier ist Python besonders stark, mit Frameworks wie Django und Flask, die das Erstellen komplexer Backend-Logiken vereinfachen.

3. **Datenbanktechnologien:**

   - Datenbanken wie MySQL, PostgreSQL und neuere NoSQL-Datenbanken wie MongoDB werden verwendet, um Daten zu speichern und abzurufen, die von Webanwendungen benötigt werden.

Warum Python in der Webentwicklung?

- **Einfach zu lernen und zu verwenden:** Python ist bekannt für seine klare Syntax und Lesbarkeit, was es ideal für schnelle Entwicklung macht.

- **Vielseitige Frameworks:** Python bietet eine Vielzahl von Web-Frameworks für unterschiedliche Bedürfnisse – von einfachen bis zu hochkomplexen Anwendungsanforderungen.

- **Starke Community:** Eine aktive Entwicklergemeinschaft und eine Fülle von Drittanbieterbibliotheken bedeuten, dass Unterstützung und Ressourcen leicht zugänglich sind.

In den nächsten Abschnitten werden wir tiefer in die spezifischen Technologien und Frameworks eintauchen, die Python für die Webentwicklung so mächtig machen. Wir beginnen mit den Grundlagen von HTTP und Webservern, gefolgt von einer Einführung in die Python-Frameworks Flask und Django.

12.2 HTTP und Webserver

HTTP (Hypertext Transfer Protocol) und Webserver sind grundlegende Komponenten der Webentwicklung, die die Kommunikation zwischen Client-Geräten (wie Webbrowsern) und Servern ermöglichen, auf denen Websites gehostet werden.

HTTP - Das Kommunikationsprotokoll des Webs:

- **HTTP ist ein Anfrage/Antwort-Protokoll:** Ein Client, wie ein Webbrowser, sendet eine HTTP-Anfrage an den Server, und der Server antwortet mit einer HTTP-Antwort. Diese Anfragen und Antworten beinhalten Kopfzeilen und gegebenenfalls einen Nachrichtenkörper, der Daten wie HTML-Seiten, Bilder oder andere Dateitypen enthalten kann.

- **Zustandslos:** HTTP selbst speichert keine Informationen über den Zustand zwischen den Anfragen. Dies bedeutet, dass jede Anfrage unabhängig von der vorherigen behandelt wird, was durch Technologien wie Cookies, Sitzungen oder Token ergänzt wird, um Zustandsinformationen zu verwalten.

- **Methoden:** HTTP definiert verschiedene Methoden, die angeben, welche Aktion der Client durchführen möchte. Die häufigsten sind GET (Abrufen von Ressourcen), POST (Übermitteln von Daten an den Server), PUT (Aktualisieren von Ressourcen) und DELETE (Löschen von Ressourcen).

Webserver - Die Triebkraft hinter den Websites:

- **Rolle des Webservers:** Ein Webserver verarbeitet eingehende HTTP-Anfragen und sendet Antworten zurück an den Client. Dabei kann es sich um das einfache Ausliefern von statischen Dateien handeln oder um komplexere Aufgaben wie das Ausführen von Backend-Code, der dynamische Inhalte generiert.

- **Beliebte Webserver-Software:** Zu den bekanntesten Webservern gehören Apache und Nginx. Diese Softwarepakete können statische Inhalte direkt an den Client liefern und Anfragen an Backend-Anwendungen weiterleiten, die in verschiedenen Programmiersprachen, einschließlich Python, geschrieben sind.

- **Integration mit Anwendungen:** Moderne Webserver können mit Anwendungsframeworks wie Django oder Flask in Python integriert werden, um dynamische Webanwendungen zu unterstützen. Sie können Anfragen an diese Frameworks weiterleiten, die dann die Geschäftslogik verarbeiten und die entsprechenden Antworten zurück an den Webserver senden, welcher sie wiederum an den Client weiterleitet.

Die Kombination von HTTP und Webservern ermöglicht es Entwicklern, skalierbare und interaktive Webanwendungen zu erstellen. Verständnis für die Funktionsweise von HTTP und die Konfiguration von Webservern ist entscheidend für alle, die in die Webentwicklung, insbesondere in die Backend-Entwicklung, einsteigen möchten. In den nächsten Abschnitten werden wir spezifische Frameworks in Python erkunden, die die Erstellung solcher Webanwendungen erleichtern.

12.3 Flask: Ein leichtgewichtiges Framework

Flask ist ein populäres, leichtgewichtiges Web-Framework für Python, das für seine Einfachheit und Flexibilität bekannt ist. Es ermöglicht Entwicklern, schnell Webanwendungen zu erstellen, ohne die Notwendigkeit eines vollständigen Stacks wie bei größeren Frameworks wie Django.

Eigenschaften von Flask:

- **Minimalistisch:** Flask kommt mit wenig eingebauter Funktionalität, was es sehr leichtgewichtig und einfach zu verstehen macht. Die Grundfunktionalität kann durch eine Vielzahl von Erweiterungen je nach Bedarf erweitert werden.

- **Flexibilität:** Da es wenig vordefiniertes Verhalten gibt, können Entwickler die Teile ihrer Anwendung, die sie benötigen, so anpassen, wie es am besten passt.

- **Einfachheit:** Flask ermöglicht es, mit relativ wenig Code eine funktionierende Webanwendung zu erstellen. Dies macht es ideal für kleinere Projekte oder Projekte, bei denen ein hoher Grad an Anpassungsfähigkeit erforderlich ist.

Kernkomponenten von Flask:

- **Routing:** Flask ermöglicht es, URLs zu bestimmten Python-Funktionen zuzuordnen, die als View-Funktionen bekannt sind. Diese Funktionen bearbeiten Anfragen und geben Antworten zurück.

- **Templates:** Flask verwendet das Jinja2-Template-System, um dynamische Inhalte auf Webseiten zu generieren. Die Templates erlauben es, Python-ähnlichen Code für die Generierung von HTML zu verwenden.

- **Entwicklungs-Server und Debugger:** Flask bietet einen eingebauten Entwicklungsserver, der einfach zu starten ist, und einen interaktiven Debugger, falls im Code ein Fehler auftritt.

Beispiel für eine einfache Flask-Anwendung:

```python
from flask import Flask

app = Flask(__name__)


@app.route('/')
def home():
    return "Hallo Welt!"


if __name__ == '__main__':
    app.run(debug=True)
```

In diesem Beispiel wird eine einfache Route definiert, die die Basis-URL ('/') bedient. Die Funktion **home** wird aufgerufen, wenn diese URL besucht wird, und gibt den Text "Hallo Welt!" zurück.

Installation von Flask: Flask kann einfach über pip installiert werden, Python's Paketmanager:

```bash
pip install Flask
```

Verwendung von Flask: Um Flask effektiv zu nutzen, sollten Entwickler mit den Grundlagen von Python vertraut sein. Darüber hinaus ist es nützlich, Kenntnisse in Frontend-Technologien wie HTML und CSS zu haben, da diese oft benötigt werden, um die Benutzeroberflächen der Webanwendungen zu gestalten.

Flask ist besonders geeignet für kleinere Projekte oder als Basis für komplexere Anwendungen, die speziell angepasst werden müssen. Mit einer aktiven Community und einer großen Anzahl von Drittanbieter-Erweiterungen bietet Flask eine gute Plattform für schnelle Entwicklung und Prototyping in Python.

12.4 Django: Ein umfassendes Framework

Django ist ein hochfunktionales, umfassendes Web-Framework für Python, das darauf ausgelegt ist, komplexe Webanwendungen schnell und effizient zu entwickeln. Es folgt dem Prinzip „Batterien inklusive", was bedeutet, dass es viele eingebaute Funktionen für gängige Webentwicklungsaufgaben bietet.

Eigenschaften von Django:

- **Hohe Funktionalität:** Django kommt mit einer Vielzahl von eingebauten Features, die es ermöglichen, Anwendungen ohne die Notwendigkeit zahlreicher Drittanbieter-Erweiterungen zu erstellen. Dazu gehören Authentifizierung, URL-Routing, Sitzungsverwaltung, und ein ORM (Object-Relational Mapper).

- **Sicherheit:** Sicherheit wird in Django großgeschrieben, mit eingebauten Schutzmaßnahmen gegen viele Sicherheitsbedrohungen wie SQL-Injektion, Cross-Site Scripting, Cross-Site Request Forgery und Clickjacking. Diese Features helfen Entwicklern, sicherere Anwendungen zu erstellen.

- **Skalierbarkeit:** Django eignet sich hervorragend für die Entwicklung großer Anwendungen und kann leicht skalieren, um den Anforderungen von hoher Last und großen Datenmengen gerecht zu werden.

- **Admin-Interface:** Eine der hervorstechendsten Funktionen von Django ist das automatisch generierte Admin-Interface. Es ermöglicht Entwicklern, schnell eine backend-Interface für ihre Modelle zu erstellen, was die Verwaltung der Anwendung deutlich vereinfacht.

Beispiel für eine einfache Django-Anwendung: Die Erstellung einer Django-Anwendung beginnt mit der Installation des Frameworks und der Einrichtung eines Projekts, gefolgt von der Erstellung von Apps innerhalb dieses Projekts.

Installation:

(bash)

```bash
pip install django
```

Projekterstellung:

(bash)

```bash
django-admin startproject myproject
```

App erstellen:

(bash)

```bash
cd myproject
python manage.py startapp myapp
```

Innerhalb der App könnten Sie ein einfaches Model und eine View erstellen:

(python)

```python
# models.py
from django.db import models


class MyModel(models.Model):
    title = models.CharField(max_length=100)
```

(python)

```python
# views.py
from django.http import HttpResponse
from .models import MyModel


def home(request):
    item = MyModel.objects.first()
    return HttpResponse(f"Hello, {item.title}!")
```

Warum Django verwenden?

Django ist besonders nützlich für Entwickler, die schnell robuste und skalierbare Webanwendungen entwickeln möchten, ohne sich um viele Details der Webentwicklung wie Sicherheit und Datenbankverwaltung kümmern zu müssen. Die umfangreiche Dokumentation und die aktive Community bieten Unterstützung bei der Entwicklung.

Django hat sich als eine robuste Lösung für viele Arten von Webprojekten bewährt, von kleinen persönlichen Blogs bis hin zu großen Unternehmenslösungen, und wird von vielen bekannten Sites weltweit verwendet.

12.5 Einfache Website mit Flask erstellen

Flask macht es unglaublich einfach, schnell eine Webanwendung aufzusetzen. In diesem Abschnitt erstellen wir eine einfache Website mit Flask, die als Basis für komplexere Projekte dienen kann.

Schritt-für-Schritt-Anleitung zum Erstellen einer einfachen Website mit Flask:

1. **Flask installieren:** Stellen Sie sicher, dass Sie Python auf Ihrem System installiert haben. Installieren Sie Flask über pip, falls Sie dies noch nicht getan haben:

   (bash)

   ```
   pip install Flask
   ```

2. **Ein neues Flask-Projekt erstellen:** Erstellen Sie ein neues Verzeichnis für Ihr Projekt und wechseln Sie in dieses Verzeichnis:

   (bash)

   ```
   mkdir myflaskapp

   cd myflaskapp
   ```

   Erstellen Sie eine neue Python-Datei, zum Beispiel **app.py**, und öffnen Sie diese in Ihrem Texteditor.

3. **Eine einfache Flask-Anwendung schreiben:**

   Fügen Sie den folgenden Code in die **app.py**-Datei ein:

   ```python
   from flask import Flask

   app = Flask(__name__)


   @app.route('/')
   def home():
       return 'Willkommen auf meiner Flask-Website!'


   if __name__ == '__main__':
       app.run(debug=True)
   ```

Dieser Code startet einen einfachen Flask-Server. Die **home**-Funktion wird aufgerufen, wenn die Basis-URL Ihrer Website besucht wird.

4. **Die Anwendung ausführen:** Führen Sie Ihre Anwendung aus, indem Sie den folgenden Befehl in Ihrem Terminal ausführen:

   (bash)

   ```
   python app.py
   ```

Der Server sollte starten und auf Anfragen lauschen. Standardmäßig läuft der Flask-Server auf Port 5000.

5. **Testen Sie Ihre Website:** Öffnen Sie einen Webbrowser und gehen Sie zu **http://127.0.0.1:5000/**. Sie sollten die Nachricht "Willkommen auf meiner Flask-Website!" sehen.

Erweiterung der Anwendung:

- Sie können weitere Routen hinzufügen, um zusätzliche Seiten zu erstellen:

```
@app.route('/about')

def about():

    return 'Über die Website'
```

- Integrieren Sie HTML-Templates, um dynamische Inhalte zu rendern. Erstellen Sie dazu einen Ordner namens **templates** und darin eine HTML-Datei, z.B. **home.html**:

```
(html)
<!DOCTYPE html>
<html>
<head>
    <title>Meine Flask-Website</title>
</head>
<body>
    <h1>Willkommen auf meiner Flask-Website!</h1>
    <p>Dies ist eine einfache Flask-Webanwendung.</p>
</body>
</html>
```

Ändern Sie dann Ihre **home()**-Funktion in **app.py**, um das Template zu nutzen:

```
(python)
from flask import render_template


@app.route('/')

def home():

    return render_template('home.html')
```

Diese Schritte bieten eine Grundlage, auf der Sie aufbauen können, um komplexere Flask-Anwendungen zu entwickeln. Flask's einfache und leistungsfähige Struktur macht es zu einem idealen Werkzeug für das schnelle Entwickeln von Webanwendungen.

12.6 Webdaten verwalten

Die Verwaltung von Webdaten ist ein kritischer Aspekt der Entwicklung von Webanwendungen. Sie beinhaltet das Speichern, Abrufen, Manipulieren und Sichern von Daten, die durch Webanwendungen generiert oder verwendet werden. In Python-Webframeworks wie Flask und Django werden diese Aufgaben häufig durch den Einsatz von Datenbanken und entsprechenden Tools zur Datenmanipulation gelöst.

Grundkonzepte der Webdatenverwaltung:

1. **Datenbanken:**

   - **Relationale Datenbanken** wie MySQL, PostgreSQL und SQLite werden oft für strukturierte Daten verwendet, die in Form von Tabellen mit fest definierten Beziehungen gespeichert werden.

   - **NoSQL-Datenbanken** wie MongoDB, Cassandra und Redis sind nützlich für unstrukturierte Daten oder Situationen, in denen die Flexibilität bei der Datenmodellierung im Vordergrund steht.

2. **ORM (Object-Relational Mapping):**

   - ORM-Tools wie SQLAlchemy (für Flask) und Django's eigenes ORM erlauben es Entwicklern, Datenbankoperationen in einer objektorientierten Sprache durchzuführen, ohne SQL direkt schreiben zu müssen. Sie erleichtern die Datenmanipulation durch Abstraktion der Datenbankinteraktionen in Python Code.

3. **Datenvalidierung und -sanitierung:**

   - Bevor Daten gespeichert oder verarbeitet werden, ist es wichtig, sie zu validieren und zu bereinigen, um Sicherheitsprobleme wie SQL-Injektionen oder Cross-Site Scripting (XSS) zu vermeiden. Frameworks bieten hierfür oft eingebaute Funktionen oder Drittanbieter-Bibliotheken.

4. **Sitzungsmanagement:**

   - In webbasierten Anwendungen wird die Zustandsinformation oft in Sitzungen gespeichert, die serverseitig oder in Cookies auf dem Client verwaltet werden können. Dies ist wichtig für die Aufrechterhaltung des Benutzerzustands über mehrere Seitenaufrufe hinweg.

Implementierungsbeispiel in Flask:

Für ein einfaches Beispiel der Datenverwaltung in Flask könnte man SQLAlchemy verwenden, um Daten in einer SQLite-Datenbank zu speichern und abzurufen:

Installation der benötigten Pakete:

(bash)

```
pip install flask_sqlalchemy
```

Beispielcode für die Integration in eine Flask-Anwendung:

(python)

```python
from flask import Flask
from flask_sqlalchemy import SQLAlchemy

app = Flask(__name__)
app.config['SQLALCHEMY_DATABASE_URI'] = 'sqlite:///mydatabase.db'
db = SQLAlchemy(app)


class User(db.Model):
    id = db.Column(db.Integer, primary_key=True)
    username = db.Column(db.String(80), unique=True, nullable=False)
    email = db.Column(db.String(120), unique=True, nullable=False)

    def __repr__(self):
        return '<User %r>' % self.username


@app.route('/')
def index():
    user = User(username='BeispielUser', email='user@example.com')
    db.session.add(user)
    db.session.commit()
    return 'User hinzugefügt!'


if __name__ == '__main__':
    db.create_all()
    app.run(debug=True)
```

In diesem Beispiel wird ein einfaches Modell für Benutzer erstellt, und bei einem Besuch der Startseite wird ein neuer Benutzer zur Datenbank hinzugefügt.

Sicherheitsaspekte:

- Es ist entscheidend, dass Webanwendungen Maßnahmen implementieren, um Daten zu schützen, einschließlich der Verwendung von HTTPS, der Hashing von Passwörtern und der Implementierung von angemessenen Zugriffskontrollen.

Die Verwaltung von Webdaten ist eine fortlaufende Aufgabe, die sich mit der Entwicklung der Anwendung weiterentwickelt. Effektive Datenverwaltungsstrategien sind entscheidend für die Performance, Skalierbarkeit und Sicherheit von Webanwendungen.

12.7 Praktische Übungen

Diese praktischen Übungen sollen Ihr Wissen über Python und Webentwicklung vertiefen, indem Sie direkt mit den Technologien und Konzepten arbeiten, die in diesem Kapitel vorgestellt wurden. Sie werden eigene Webprojekte erstellen und modifizieren, wodurch Sie ein besseres Verständnis für die Praxis der Webentwicklung erhalten.

Übung 1: Einfache Flask-Website erstellen

- Erstellen Sie eine neue Flask-Anwendung, die mindestens drei Seiten hat: eine Startseite, eine "Über uns"-Seite und eine Kontaktseite. Verwenden Sie das Routing in Flask, um zwischen den Seiten zu navigieren.

Übung 2: Datenmodell mit Flask und SQLAlchemy

- Definieren Sie ein einfaches Datenmodell für eine Blog-Anwendung. Erstellen Sie Modelle für Benutzer und Blog-Posts. Nutzen Sie SQLAlchemy, um die Modelle zu definieren und interagieren Sie mit der Datenbank, um neue Einträge zu erstellen und vorhandene anzuzeigen.

Übung 3: Django Admin Interface nutzen

- Nutzen Sie das Django Admin Interface, um Benutzer und Blog-Posts zu verwalten. Konfigurieren Sie das Admin Interface so, dass es spezifische Felder der Blog-Posts anzeigt und bearbeitbar macht.

Übung 4: Dynamische Webseiten mit Jinja2 Templates in Flask

- Erstellen Sie dynamische Webseiten in Ihrer Flask-Anwendung unter Verwendung von Jinja2 Templates. Implementieren Sie eine Seite, die eine Liste von Blog-Posts anzeigt, die aus einer Datenbank abgerufen werden.

12.8 Lösungen zu den praktischen Übungen

Hier sind einige allgemeine Lösungen und Ansätze für die in Kapitel 12 beschriebenen praktischen Übungen. Diese sollen Ihnen helfen, Ihre Fähigkeiten in der Webentwicklung mit Python und den vorgestellten Frameworks zu vertiefen.

Lösung zu Übung 1: Einfache Flask-Website erstellen

- **app.py:**

```python
from flask import Flask, render_template


app = Flask(__name__)


@app.route('/')
def home():
    return render_template('home.html')


@app.route('/about')
def about():
    return render_template('about.html')


@app.route('/contact')
def contact():
    return render_template('contact.html')


if __name__ == '__main__':
    app.run(debug=True)
```

- Erstellen Sie entsprechende HTML-Dateien (**home.html**, **about.html**, **contact.html**) im **templates**-Verzeichnis Ihrer Flask-Anwendung.

Lösung zu Übung 2: Datenmodell mit Flask und SQLAlchemy

- **model.py:**

```python
from flask_sqlalchemy import SQLAlchemy

from app import app


db = SQLAlchemy(app)


class User(db.Model):
    id = db.Column(db.Integer, primary_key=True)
    username = db.Column(db.String(80), unique=True, nullable=False)
    email = db.Column(db.String(120), unique=True, nullable=False)


class Post(db.Model):
    id = db.Column(db.Integer, primary_key=True)
    title = db.Column(db.String(100), nullable=False)
    content = db.Column(db.Text, nullable=False)
    user_id = db.Column(db.Integer, db.ForeignKey('user.id'), nullable=False)
    user = db.relationship('User', backref=db.backref('posts', lazy=True))
```

Lösung zu Übung 3: Django Admin Interface nutzen

- Registrieren Sie Ihre Modelle im Django Admin, indem Sie die **admin.py**-Datei Ihrer App bearbeiten:

```python
from django.contrib import admin

from .models import Post


admin.site.register(Post)
```

- Passen Sie die Anzeige im Admin-Interface an, indem Sie die **ModelAdmin**-Klasse verwenden.

Lösung zu Übung 4: Dynamische Webseiten mit Jinja2 Templates in Flask

- **home.html:**

```html
<!DOCTYPE html>
<html lang="en">
<head>
    <meta charset="UTF-8">
    <meta name="viewport" content="width=device-width, initial-scale=1.0">
    <title>Home</title>
</head>
<body>
    <h1>Welcome to My Blog</h1>
    {% for post in posts %}
      <div>
        <h2>{{ post.title }}</h2>
        <p>{{ post.content }}</p>
      </div>
    {% endfor %}
</body>
</html>
```

Diese Lösungsansätze bieten eine Basis, um die vorgestellten Konzepte zu verstehen und praktisch anzuwenden. Sie sind allgemein gehalten, um Flexibilität in der Implementierung zu ermöglichen und können je nach spezifischen Projektanforderungen angepasst werden.

Kapitel 13: Nächste Schritte

13.1 Eine Karriere mit Python aufbauen

Python ist eine der vielseitigsten und am weitesten verbreiteten Programmiersprachen der Welt, was sie zu einer ausgezeichneten Wahl für diejenigen macht, die eine Karriere in der Technologie anstreben. Hier sind einige Schritte und Tipps, wie Sie eine erfolgreiche Karriere mit Python aufbauen können:

1. **Grundlegende und fortgeschrittene Python-Kenntnisse erwerben:**

   - Beginnen Sie mit den Grundlagen von Python und arbeiten Sie sich zu fortgeschritteneren Themen vor. Nutzen Sie Online-Kurse, Bücher und praktische Projekte, um Ihr Verständnis und Ihre Fähigkeiten zu vertiefen.

2. **Spezialisieren Sie sich in einem Python-Anwendungsbereich:**

   - Python wird in vielen verschiedenen Bereichen eingesetzt, einschließlich Webentwicklung, Datenanalyse, künstliche Intelligenz, wissenschaftliches Rechnen und mehr. Spezialisieren Sie sich auf einen Bereich, der Ihren Interessen entspricht. Zum Beispiel:

     - **Webentwicklung** mit Frameworks wie Django und Flask.

     - **Datenwissenschaft** und **Maschinelles Lernen** mit Tools wie Pandas, NumPy, Scikit-learn und TensorFlow.

     - **Automatisierung** und **Skripting** für alltägliche Aufgaben und Systemverwaltung.

3. **Praktische Erfahrung sammeln:**

   - Arbeiten Sie an eigenen Projekten oder beteiligen Sie sich an Open-Source-Projekten. Dies hilft nicht nur beim Lernen, sondern auch beim Aufbau eines Portfolios, das potenziellen Arbeitgebern Ihre Fähigkeiten und Ihr Engagement zeigt.

4. **Networking und Community-Beteiligung:**

   - Engagieren Sie sich in der Python-Community, sei es online über Foren und Social Media oder persönlich durch Meetups und Konferenzen. Networking kann Karrierechancen eröffnen und bietet wertvolle Lernressourcen.

5. **Berufserfahrung sammeln:**

   - Suchen Sie Praktika oder Einstiegspositionen, die Python-Kenntnisse erfordern. Auch freiberufliche Aufträge können eine gute Möglichkeit sein, Erfahrungen zu sammeln und gleichzeitig ein Einkommen zu erzielen.

6. **Ständige Weiterbildung:**

   - Technologien entwickeln sich ständig weiter, und lebenslanges Lernen ist entscheidend, um in der Tech-Industrie aktuell zu bleiben. Bleiben Sie auf dem Laufenden über neue Python-Entwicklungen und erweitern Sie Ihre Kenntnisse kontinuierlich.

7. **Professionelle Zertifizierungen erwägen:**

- Obwohl nicht immer notwendig, können Zertifizierungen wie das Python Institute's Certified Entry-Level Python Programmer (PCEP) oder das Certified Expert in Python Programming (CEPP) Ihre Kenntnisse formell validieren und Ihre Chancen auf dem Arbeitsmarkt verbessern.

Eine Karriere mit Python bietet vielfältige Möglichkeiten und kann sehr lohnend sein. Durch den Erwerb von Kenntnissen, das Sammeln praktischer Erfahrungen und das Networking können Sie eine solide Grundlage für eine erfolgreiche Laufbahn in der Technologiebranche schaffen.

13.2 Strategien zur Jobsuche

Eine effektive Jobsuche in der Technologiebranche, speziell für Python-Entwickler, erfordert eine gezielte Strategie. Hier sind einige effektive Ansätze, die Ihnen helfen können, passende Jobangebote zu finden und Ihre Chancen bei der Bewerbung zu erhöhen:

1. **Klar definierte Jobziele:**

   - Bestimmen Sie, welche Art von Rolle und Industrie Sie anstreben. Möchten Sie in der Webentwicklung, Datenwissenschaft, Automatisierung oder einem anderen Bereich arbeiten? Diese Klarheit hilft Ihnen, Ihre Suche zu fokussieren und relevante Stellenangebote zu identifizieren.

2. **Optimierung des Lebenslaufs:**

   - Ihr Lebenslauf sollte Ihre Python-Kenntnisse und Projekte hervorheben. Achten Sie darauf, spezifische Technologien und Frameworks zu erwähnen, die in Jobbeschreibungen gefordert werden. Passen Sie Ihren Lebenslauf für jede Bewerbung an, um die Übereinstimmung mit den Jobanforderungen zu maximieren.

3. **Online-Präsenz und Networking:**

   - Pflegen Sie ein professionelles Profil auf Plattformen wie LinkedIn, GitHub und Stack Overflow. Netzwerken Sie aktiv, indem Sie sich mit Fachleuten in der Branche verbinden, Beiträge teilen und an Diskussionen teilnehmen.

   - Beteiligen Sie sich an Python-bezogenen Gruppen und Foren, um Sichtbarkeit in der Community zu erlangen und mögliche Jobchancen zu entdecken.

4. **Nutzung von Jobportalen und Recruiting-Events:**

   - Besuchen Sie spezialisierte Jobportale für Technologiejobs wie Dice, TechCareers oder AngelList, und allgemeinere Plattformen wie Indeed und Glassdoor.

   - Nehmen Sie an Karrieremessen und Recruiting-Events teil, die oft von Universitäten, Tech-Communities oder großen Unternehmen organisiert werden.

5. **Direkte Bewerbungen:**

   - Recherchieren Sie Unternehmen, die Sie interessieren, und bewerben Sie sich direkt auf ihrer Webseite. Viele Unternehmen schätzen direkte Bewerbungen, da sie Engagement und ein spezifisches Interesse an ihrem Unternehmen zeigen.

6. **Praktika und Freiberufliche Projekte:**

- Praktika sind eine hervorragende Möglichkeit, Berufserfahrung zu sammeln und Ihr Netzwerk zu erweitern. Auch freiberufliche Projekte oder temporäre Verträge können wertvolle Erfahrungen und Referenzen bieten.

7. **Vorbereitung auf Interviews:**

   - Üben Sie gängige Interviewfragen für Python-Entwickler und bereiten Sie sich auf technische Tests vor. Nutzen Sie Ressourcen wie LeetCode oder HackerRank, um Ihre Programmierfähigkeiten zu schärfen.

8. **Fortlaufende Weiterbildung:**

   - Bleiben Sie durch Kurse, Workshops und Zertifizierungen technologisch auf dem Laufenden. Dies zeigt potenziellen Arbeitgebern, dass Sie in Ihre berufliche Entwicklung investieren und mit aktuellen Technologien vertraut sind.

Indem Sie diese Strategien anwenden, können Sie Ihre Jobsuche effizienter gestalten und Ihre Chancen auf eine erfolgreiche Karriere als Python-Entwickler verbessern.

13.3 Zusammenfassung und abschließende Ermutigung

Wir haben einen umfassenden Weg durch die Grundlagen der Python-Programmierung bis hin zu spezifischen Anwendungen in der Webentwicklung und darüber hinaus beschritten. Hier eine kurze Zusammenfassung der wichtigsten Punkte und einige abschließende Worte der Ermutigung:

1. **Python als vielseitiges Werkzeug:** Python ist eine außergewöhnlich flexible Sprache, geeignet für Webentwicklung, Datenanalyse, maschinelles Lernen, Automatisierung und mehr. Ihre einfache Syntax und Lesbarkeit machen sie ideal für Anfänger und Profis gleichermaßen.

2. **Weiterbildung und Spezialisierung:** Vertiefen Sie Ihr Wissen kontinuierlich durch Online-Kurse, Bücher und die Teilnahme an Community-Events. Spezialisieren Sie sich in Bereichen, die Sie besonders interessieren, um Ihre Fähigkeiten zu schärfen und Ihre Karrierechancen zu verbessern.

3. **Praktische Erfahrung:** Nutzen Sie jede Gelegenheit, praktische Erfahrungen zu sammeln, sei es durch persönliche Projekte, Open-Source-Beiträge oder berufliche Aufgaben. Praktische Erfahrungen sind oft der Schlüssel zum Erfolg und zur Verinnerlichung des Gelernten.

4. **Community und Networking:** Engagieren Sie sich in der Python-Community, um Unterstützung zu finden, Ihr Wissen zu teilen und berufliche Möglichkeiten zu entdecken. Networking kann Türen öffnen und bietet Einblicke in verschiedene Karrierepfade.

5. **Bereit für Herausforderungen:** Seien Sie bereit, Herausforderungen anzunehmen und aus Fehlern zu lernen. Jeder Fehler ist eine Gelegenheit zum Lernen und Wachsen. Behalten Sie eine positive Einstellung bei und bleiben Sie beharrlich.

6. **Lebenslanges Lernen:** Die Technologielandschaft verändert sich ständig. Bleiben Sie neugierig und offen für neue Technologien und Methoden. Lebenslanges Lernen ist entscheidend, um technologisch relevant und wettbewerbsfähig zu bleiben.

Abschließend möchte ich Sie ermutigen, Ihren Lernweg mit Begeisterung fortzusetzen. Die Welt der Python-Programmierung bietet unendliche Möglichkeiten zur Problemlösung, Innovation und Karriereentwicklung.

Jeder, von Hobbyisten bis hin zu professionellen Entwicklern, kann mit der richtigen Einstellung und den richtigen Ressourcen Großes erreichen. Nutzen Sie die Ihnen zur Verfügung stehenden Ressourcen voll aus und streben Sie danach, nicht nur ein guter Programmierer zu sein, sondern ein großartiger.

Viel Erfolg auf Ihrem weiteren Weg!